# NOTICE BIOGRAPHIQUE

SUR

# P. LANFREY

PAR

## M. DE PRESSENSÉ

---

PARIS

G. CHARPENTIER, ÉDITEUR

13, RUE DE GRENELLE-SAINT-GERMAIN, 13

—

1879

# NOTICE BIOGRAPHIQUE

## SUR

# P. LANFREY

Paris. — Imp. E. Capiomont et V. Renault, rue des Poitevins, 6.

# NOTICE BIOGRAPHIQUE

SUR

# P. LANFREY

PAR

## M. DE PRESSENSÉ

PARIS

G. CHARPENTIER, ÉDITEUR
13, RUE DE GRENELLE-SAINT-GERMAIN, 13

1879

# NOTICE BIOGRAPHIQUE [1]

Il n'est pas possible de séparer chez Lanfrey l'homme de l'écrivain, par la raison que personne n'a plus vécu par la pensée. Les grands événements pour lui, ce sont, je ne dirai pas ses livres, parce que cela supposerait une préoccupation littéraire prédominante, mais les crises de sa vie intellectuelle et morale. Rien en lui ne rappelle pourtant ce personnalisme étroit, qui fait tourner le monde autour du moi maladivement consulté et ausculté pour en saisir les plus fugitives impressions. Il a participé largement aux préoccupations générales de son temps; les grandes causes qui s'y débattaient l'ont possédé tout entier, et c'est pour avoir ardemment aimé celle qui lui était chère entre toutes, la cause de la liberté, prise dans toute sa largeur, et à la hauteur de l'idéal, qu'il a paru pendant longtemps un solitaire. On l'eût cru replié sur lui-même, alors que son cœur battait d'enthousiasme et s'enflammait d'une généreuse colère. Ses écrits ont donc une importance biographique toute particulière, en tant qu'ils sont l'écho fidèle de son âme, toujours

1. Nous avons profité avant tout pour la partie biographique de cette notice de la correspondance inédite de Lanfrey. Les renseignements précieux abondent dans les notes publiées sur lui par un de ses compatriotes.

*a*

passionnément préoccupée de la chose publique.

Lanfrey nous donne cette surprise si vivement goûtée par Pascal, de nous faire retrouver l'homme dans l'auteur; je veux dire, l'homme au sens habituel du mot, avec son tempérament, sa nationalité, ses luttes obstinées contre la destinée, ses affections, ses amitiés, l'homme réel en un mot. Ses livres le font revivre à force d'être sincères. Nous le retrouvons mieux encore dans ses lettres intimes où il est permis de puiser avec la discrétion que commande cette fière nature si réservée. Elles nous permettent de saisir sa vraie physionomie, sans tomber dans la fadeur du panégyrique ou dans la raideur du portrait de convention. Nous pouvons ainsi suivre le laborieux développement d'une carrière que tout a compliquée au début et qui n'était guère facilitée par une indépendance d'esprit poussée jusqu'à l'inflexibilité. Il y a dans les commencements pénibles d'un tel écrivain et d'un tel homme, destiné à une haute position dans les lettres et dans la politique, une leçon morale bonne à méditer pour ceux qui s'imaginent que la souplesse est le seul secret du succès. Les amitiés presque passionnées qu'a laissées Lanfrey, révèlent la chaleur de son âme. Il est pour nous l'un des plus nobles représentants d'une génération qui est entrée dans la vie à l'une des heures les plus sombres de notre histoire; il a contribué plus que personne à en conjurer la malédiction, par son énergie à entretenir le feu sacré. On peut dire qu'il en a été comme dévoré intérieurement, faute de lui trouver l'aliment suffisant au dehors. C'est après tout une belle destinée que d'avoir contribué à relever ce qui paraissait perdu à jamais. Il n'a triomphé qu'avec sa cause, et, tardivement comme elle. Sa disparition prématurée, au moment même où il avait touché le but, ajoute je ne sais quelle émouvante beauté à une vie toute de luttes et d'efforts.


# I


Pierre Lanfrey naquit à Chambéry, le 26 octobre 1828. Sa famille, originaire du Dauphiné, du côté de son père, était dans une condition modeste, mais entourée d'une légitime considération. Elle avait fourni plus d'un vaillant soldat aux grandes guerres de l'ancienne monarchie. Tandis que l'un de ses membres s'enrôlait sous les drapeaux de l'Autriche, sous Joseph II, et obtenait le grade de général, un autre remplit honorablement un emploi administratif dans l'armée de Rochambeau aux États-Unis, pendant la guerre de l'Indépendance, et mérita l'approbation de Lafayette. La branche principale de la famille s'était fixée en Savoie dès le dix-septième siècle, à la suite d'un duel qui avait forcé son chef à s'expatrier. Cet ancêtre de bouillante humeur fit souche de courage et de fierté. Le père de Lanfrey fit les guerres de l'Empire et assista à ses plus brillantes batailles, et quand il se retira à Chambéry en 1815, avec le grade de capitaine de hussards, il y emporta cet éblouissement de l'épopée impériale, auquel échappaient difficilement les vieux soldats qui y avaient contribué. Il ne se doutait pas que c'était sous son toit que devait naître, selon le mot éloquent de Châteaubriand sur Tacite, « l'enfant obscur, à qui l'intègre Providence devait livrer la gloire du maître du monde. » L'ancien officier de cavalerie, avait dû, bien malgré lui, se mettre au commerce; il ne paraît pas que ses aptitudes fussent bien remarquables, à en juger par la situation plus que médiocre dans laquelle il laissa sa femme et son fils unique, après six ans de mariage. La vie s'ouvrait sévère devant l'orphelin. Par bonheur il avait pour l'y soutenir une mère à l'esprit droit, au cœur vaillant, une vraie Romaine, comme il l'appelait, unissant aux plus tendres sollicitudes, une énergie indomptable, une raison ferme. Nous n'avons pas les lettres de madame Lanfrey; il suffit de celles de son fils pour la connaître. On voit de suite que son âme était forte, sa volonté bien trempée et qu'elle avait aussitôt après la mort de son mari assumé le rôle et les devoirs du chef de famille.

N'étant jamais sortie de sa petite ville, l'horizon de son esprit n'était pas étendu; il lui était difficile de comprendre les aspirations de son fils et ses tentatives pour se faire une carrière conforme à ses aptitudes; les incertitudes des débuts du futur écrivain troublaient fort l'honnête bourgeoise de Chambéry. Mais l'amour vrai, entièrement dévoué, a des lumières qui dépassent les vues de l'esprit et qui l'empêchent de céder aux pensées mesquines. Surtout il ne recule pas devant le sacrifice, et ce n'est pas lui qui deviendra jamais un obstacle au développement d'une noble intelligence. Les scrupules de madame Lanfrey tenaient en partie à ce délicat sentiment de l'honneur qui ne veut risquer que ce qu'il possède. Or, ce qu'elle possédait était bien minime. Je ne connais rien de plus digne de respect que cette fière pauvreté, qui ne veut rien devoir qu'à elle-même et au travail, et pour laquelle la générosité se confond avec la privation. C'est elle qui a légué à Lanfrey le plus précieux des héritages, cette dignité qui ne se dément jamais. Nous verrons à quel point elle l'a soutenu dans les épreuves de sa jeunesse, et quel aiguillon il y a trouvé pour les traverser victorieusement. Il a bien vraiment été le fils de cette mère dont la tendresse éclairée et mêlée d'austérité ne l'a jamais amolli, mais toujours fortifié et souvent averti.

Lanfrey pouvait parler en toute vérité de la *res angusta domi*. Cette chétive maison paternelle ne s'en ouvrait pas moins sur une des plus belles contrées de l'Europe, étalant au pied des Alpes une végétation splendide, à deux pas de ces *Charmettes* où naquit, à la fin du siècle dernier, l'amour à la fois passionné et mélancolique de la nature. Il est impossible de n'y pas respirer quelque chose de l'âme ardente et ombrageuse de Rousseau. Les lettres d'*Everard* montrent par la vivacité de leurs descriptions que l'impression faite sur Lanfrey par son pays natal fut profonde; lui, le moins déclamateur des hommes, qui a toujours dédaigné de tourner l'orgue banal des mélodies courantes de la sentimentalité à la mode, cent fois plus insupportable dans un salon que dans nos rues, il devient presque lyrique quand il décrit cette nature qui unit la grâce à la grandeur. Il est toujours revenu à sa Savoie, dès qu'il a pu s'échapper du tourbillon de Paris. La nature n'a pourtant jamais fait de lui un rêveur; elle l'a consolé des hommes, mais sans les lui faire oublier.

Nous n'en dirons pas davantage sur l'influence de la race et du milieu, qui devient une pure fiction dès qu'on l'exagère, parce que jamais elle n'a expliqué ce je ne sais quoi qui constitue la personne morale. L'éducation, qui est l'action d'un libre agent sur une volonté, y a une part bien plus grande. Lanfrey, comme enfant, était d'une nature aimante et intense plutôt que vive. Placé au collège des Jésuites de Chambéry, il dut ses succès plutôt à son intelligence

precoce qu'à un travail assidu, car il était plus rebuté
que stimulé par un enseignement purement méca-
nique. Il conçut une profonde antipathie pour l'esprit
qui régnait dans la maison. Il n'avait subi jusqu'alors
aucune influence du dehors; à peine était-il sorti de
sa famille, qui, sans fanatisme d'aucun genre, paraît
s'être peu souciée des querelles religieuses ou politiques; c'est spontanément que l'adolescent sentit
s'éveiller en lui l'esprit d'opposition contre le régime
moral auquel il était soumis, chaîne légère pour les
âmes souples qui aiment à se laisser conduire, joug
odieux pour une âme généreuse, virile, qui a soif
d'indépendance et de sincérité, et pour laquelle la
délation obligatoire est une mortelle injure. Il n'était
pas nécessaire, pour que Lanfrey éprouvât ces sentiments amers, qu'il relût les *Provinciales* et surprît
quelque scandale de la casuistique des révérends
Pères; il suffisait qu'il sentît peser sur lui cette discipline doucereuse, énervante, qui cherche à briser le
ressort moral en maintenant l'esprit dans la superficie
des choses, pour l'empêcher de penser et de raisonner.
On comprend très bien à ce point de vue la prédilec-
tion des révérends Pères pour la rhétorique, qui est
trop souvent l'art de remplacer les choses par les
mots. Lanfrey eut l'imprudence de confier au papier
sa secrète protestation. Il n'avait pas pensé à cet
Argus aux cent yeux d'un espionnage savamment or-
ganisé. Conduit devant le principal du collège, il eut
à soutenir une lutte des plus douloureuses. Il savait
qu'en résistant il accroissait les lourdes charges de sa
mère, car il devait être chassé sur l'heure, mais le
pire des malheurs était, à ses yeux, de mentir à sa
conscience. Il sortit du collège des Jésuites dans de
tout autres dispositions que Voltaire, qui ne leur

avait demandé que des leçons de style, sans se soucier de leur morale commode, et qui finit même par trouver qu'elle avait du bon pour un penseur obligé à ruser sans cesse avec les pouvoirs politiques et ecclésiastiques. Lanfrey, qui a toujours détesté l'habileté dans les choses de la pensée, était l'ennemi né de la Société de Jésus et de tout ce qui lui ressemble, fût-ce dans les camps les plus opposés. Il lui a montré franchement son antipathie, sans jamais retourner contre elle l'esprit d'intolérance : il pensait, avec raison, que c'est une pauvre manière de se venger que d'adopter, même en sens inverse, les maximes et les pratiques que l'on condamne, sous la réserve de la défense des vrais droits de l'État. Il faut avouer que l'enfant qui, un beau jour, à quinze ans, s'était mis en marche pour la Pologne, afin de combattre pour la cause de l'indépendance des peuples, était prédestiné à rompre avec ses premiers instituteurs. Il ne devait guère se trouver plus heureux dans l'institution ecclésiastique de Saint-Jean-de-Maurienne, où il fut placé aussitôt après. Il y retrouvait sous un nom différent le même esprit qu'au collège de Chambéry, avec des formes plus rudes et un très mauvais vouloir pour sa personne, car le bruit de son coup d'éclat l'y avait précédé.

« Si vous saviez, écrit-il à sa mère, comme cet hiver me pèse, comme je m'ennuie au milieu de tous ces gens qui me sont étrangers. Il n'en est pas un parmi eux, pas un qui me comprenne. Au moins quand cette neige sera loin, je serai un peu plus heureux. Dès que je vois la verdure, il me semble que je ne suis plus seul... J'ai du regret à le dire, mais je suis dans un chien de collège ; il me semble que j'y suis depuis vingt siècles. On ne nous fournit rien. C'est l'élève qui balaie sa chambre et qui sert les abbés

pendant leur repas. Ah! certes, je leur apprendrai bien à
ces messieurs que ce n'est pas pour leur servir de cuistre
que je suis venu dans leur maison. »

Ce qu'il pouvait le moins supporter, c'était le bigo-
tisme autoritaire qui froissait sa délicatesse. « A tous
moments, racontait-il plus tard, on nous ordonnait
d'élever notre âme à Dieu, absolument comme certain général qui répétait à ses soldats : Messieurs,
vous allez courir à la victoire! »

Madame Lanfrey était une mère trop éclairée sur
ce que valait son fils, pour le laisser végéter et s'ai-
grir dans ce séjour aride et rebutant. Elle l'envoya à
Paris achever ses études classiques au lycée Bourbon,
depuis lycée Bonaparte, et aujourd'hui lycée Fontanes.
Il paya plus d'une fois son tribut au mal du pays :

« O cher coin de terre! écrit-il à peine arrivé, à l'heure
où, du pont du bateau à vapeur, au milieu de la pluie et
des vents je l'ai vu disparaître sans retour, il s'est fait en
moi un déchirement pareil à celui que j'avais éprouvé en
m'arrachant à tes étreintes maternelles. — Dans vingt-cinq
jours, lisons-nous dans une lettre datée de la fin de sa
première année à Paris, je vais revoir ma mère, je ne veux
qu'elle, elle seule! Je fais foin de tout le reste. Oh! les dé-
licieuses vacances que je vais passer! Comme j'ai besoin
de respirer cet air pur de la Savoie, de respirer les roses
embaumées de notre jardin, de voir nos montagnes vertes
et notre ciel bleu. J'ai besoin de repos, de solitude, et
c'est là que j'en trouverai. »

Paris n'en devint pas moins promptement la vraie
patrie intellectuelle de Lanfrey. Il y respira à pleine
poitrine; il comprit bientôt que là était pour lui
l'avenir, sans se dissimuler l'opiniâtre labeur et les
luttes acharnées qui paieraient la rançon de son indépendance.

« Les quatre ans qui vont suivre, écrit-il le 13 juillet 1846, feront encore partie des temps de sacrifice et de la semaille, si je puis ainsi parler, puis viendra le temps de la moisson. Pensez-vous qu'en quatre ans encore de travail, avec ce que j'ai acquis, je ne pourrai pas faire une œuvre solide et durable? Quatre ans, c'est une éternité, quand on les veut bien employer. Je sens en moi une voix qui me dit : Aie confiance! Je jette un coup d'œil sur l'année qui vient de s'écouler, elle a été pour moi aussi bonne qu'elle pouvait être; il y a eu de bien tristes heures, même de mauvais jours et des moments de désespoir, mais à quoi bon vous le dire, puisque, en dépit des vents et des tempêtes, me voici sur le rivage, le front serein, le cœur plein d'espérance. J'ai eu de rudes combats à soutenir. Mais c'est une âme de forte trempe que j'ai reçue de vous, ma mère. »

Un peu plus tard, il lui écrit de nouveau ces lignes belles et touchantes :

« Vous n'avez pas voulu laisser inachevée cette œuvre de votre dévouement et de votre amour ; Dieu seul peut vous rendre tout cela ; je ne peux que vous aimer et vous le dire. Essayer de payer votre affection en biens terrestres est indigne de vous. Je ne serai digne de vous qu'en accomplissant la tâche que je me suis imposée, tâche immense. Cette agitation, c'est la vie même. On n'est homme qu'à la condition de passer par là. S'il me vient des malheurs, eh bien! je les supporterai. C'est pour l'exercer que Dieu m'a donné la force. Vous autres mères, si l'on vous croyait, on passerait sa vie au coin du feu. Fort bien! mais croyez-vous que l'homme ait été mis sur la terre pour cela? Non, il a été créé pour tendre sans cesse et par de courageux efforts vers la découverte de la vérité, vers sa propre amélioration. La vie est et ne doit être qu'une lutte, parce qu'elle est une épreuve, mais le terrain est glissant, et on fait bien des chutes. Qu'importe, pourvu qu'on accomplisse sa destinée ! »

Voilà bien le langage d'un jeune et fier esprit qui

vise haut. Il n'a pas un but bien déterminé, les nobles causes qu'il veut servir sont encore un peu vagues, un peu générales pour son esprit, bien que déjà son cœur batte pour la liberté. Mais avant dé descendre dans la brûlante arène où l'on peut triompher, il faut obtenir son diplôme de bachelier, faire son droit et finir par gagner son pain. Entre le rêve coloré de tous les prestiges d'une imagination de vingt ans et sa réalisation, il y a une dure réalité qui est en même temps un impérieux devoir, puisqu'il s'agit du repos d'une mère dont il faut à tout prix abréger les sacrifices. Aussi Lanfrey dut-il se résigner plus d'une fois à briser les plans les plus caressés, pour ne pas épuiser les débris de l'héritage paternel. Nous allons voir cette situation se prolonger et se compliquer pendant près de dix années. La lutte est rendue plus difficile par un état de santé toujours précaire; sa frêle constitution est à la fois minée et soutenue par l'ardeur intérieure. On ne saurait trop admirer ce qu'il lui a fallu de courage pour traverser cette période difficile sans faiblir. Suivons-en les diverses phases, sans trop nous hâter. Est-il rien qui soit plus digne d'intérêt que cette histoire intime avant le grand jour de la réputation et du succès?

Lanfrey passa à Paris l'année 1847. Il est tout entier à son travail sans se jeter dans aucune des dissipations de la grande ville; il ne l'interrompt que pour lire et rêver dans quelqu'une de ces allées solitaires du Luxembourg, « aimable petit coin, dit-il, plein de bocages et de mystères, de fleurs et de gazouillements d'oiseaux », dont la feuillée a ombragé tant de longs espoirs dans des têtes de vingt ans. L'année suivante il est à Grenoble pour faire son droit avec la ferme intention de revenir ensuite à Paris pour jouer la grande partie de sa destinée. La révolution de 1848 donna la secousse décisive à son esprit. Il n'épousa aucune des exagérations des partis avancés; son ferme esprit fit la part des illusions et des théories subversives, mais il crut à une période de renouvellement, à une évolution grandiose de la révolution française dans sa tendance généreuse et libérale, reprenant les choses au beau temps des Girondins auxquels il accordait plus de raison politique qu'ils n'en possédaient réellement.

« En un temps, écrivait-il à un ami le 7 mai 1848, où tout se précipite avec une telle rapidité qu'on a bien de la peine à pouvoir se définir soi-même, on n'est déjà plus ce qu'on était tout à l'heure. Les idées vous envahissent, les procédés lents et analytiques de l'intelligence sont pour ainsi dire supprimés, et on ne conçoit plus que par inspiration. Voilà du moins l'effet que ce grand remuement d'hommes et d'idées produit sur moi. Cela m'entre par tous les pores. Je ne suis pas un simple spectateur; je souffre, je me réjouis, je m'indigne tour à tour, mais je ne m'appartiens pas. C'est le dieu ou le démon du siècle qui me possède. »

Nous saisissons ici la première invasion dans l'âme de Lanfrey de cette absorbante préoccupation de la chose publique qui fut sa plus ardente passion. Les idées l'enflammaient plus que les hommes qu'il n'a jamais appréciés que dans la mesure où ils servaient la cause libérale; aussi n'avait-il aucune peine à briser ce qu'il avait adoré, parce qu'au fond son culte était pour la cause et jamais pour ses serviteurs si souvent indignes d'elle.

Il n'a montré cette espèce d'inconstance purement apparente que vis-à-vis des hommes publics, car nul ne fut plus fidèle que lui dans le cercle intime de l'amitié; il y déploya une charmante bonne grâce,

surtout quand il se trouvait en face des natures
faibles vis-à-vis desquelles il se sentait des devoirs
de protection. « L'amitié, disait-il, est le seul lien
qui nous rattache à la vie. » Avant le groupe des
amis illustres qu'il ne connut que plus tard, quand
lui-même fut sorti de l'obscurité, il eut des frères de
jeunesse, la plupart ses compatriotes, à qui il prodi-
gua les trésors de son cœur, les aimant pour eux-
mêmes et non pas pour en faire ses admirateurs ou
les confidents de ses futures grandeurs, comme c'est le
cas des purs ambitieux. Ses lettres de Grenoble ont
cet intérêt particulier de nous initier à cette efferves-
cence de vitalité intellectuelle et morale qui carac-
térise toute belle jeunesse. On dirait que dans le
bouillonnement de sa sève printanière, l'âme jette sur
toute chose cette réserve d'infini qu'elle porte en elle.
Elle jouit, elle souffre, elle aime, elle hait avec une
intensité violente qui n'est que la surabondance de la
vie intérieure. Chez les natures vulgaires l'excès est
plus physique que moral et s'épuise vite, même
quand il n'aboutit pas à la flétrissure. Chez une nature fière et noble, il se manifeste par l'exagération
qu'elle porte dans ses idées, dans ses affections et jusque dans sa rêverie. Lanfrey se jeta dans le travail
intellectuel avec une véritable furie.

« Il m'est arrivé, écrit-il alors, de travailler quinze
heures sur vingt-quatre : à quoi ? à tout, à la littérature,
à la philosophie, à la politique même, mais surtout à
l'histoire où se trouve seulement selon moi la vraie philosophie, la philosophie réelle et pratique, et non celle qui
se nourrit de rêves et poursuit de vaines chimères, non
celle qui momifie la créature de Dieu faite pour agir,
qui la condamne à l'isolement, pour lui faire dire après
une vie entière vouée au travail : X. — Non, la vraie philo-

sophie n'est pas cette philosophie mathématique et stérile. Où en seraient les représentants de la nation française, si de l'x : *cogito, ergo sum*, principe de toute philosophie, et, partant, de toute politique, il fallait déduire la constitution qu'ils se proposent de fonder. Vingt pages d'histoire m'en apprennent plus sur la providence et sur l'âme humaine que tous les traités présents, passés et futurs sur la psychologie et les attributs de Dieu. Et en outre, que de connaissances utiles et pratiques. Pauvre philosophie impuissante à démontrer Dieu et à démontrer l'âme. Ah ! que nous importe le reste, si nous croyons à cela ! La morale n'est-elle pas tout entière dans ces deux mots que vous ne pouvez démontrer : *Dieu et l'âme*. Retiens bien ceci ; il n'y a plus de véritable philosophie, que la philosophie de l'histoire. Toutes les intelligences de notre siècle se sont tournées de ce côté. Le reste n'est que système, illusion, chimère et chaos. L'histoire est en outre une source inépuisable de poésie, non pas peut-être de la poésie de la nature, poésie remplie d'attraits et de charmes infinis, je le sais, mais qui conduit aussi à la rêverie, à l'isolement, et qui finit par absorber l'homme né pour l'action, mais d'une poésie que j'appellerai humaine, de la poésie du triomphe, de la poésie du désespoir, de la poésie des idées, de la poésie de l'action. Tous les vrais hommes d'action ont été de grands poètes. »

Cette lettre datée de 1848 a bien cette impétuosité de sentiment qui ne permet à vingt ans de voir qu'un côté des choses ; elle a un très grand intérêt comme la première manifestation de la vocation du futur historien. Il n'est pas séduit avant tout, comme Augustin Thierry à la lecture des *Martyrs* de Châteaubriand, par le coloris et le pittoresque de l'histoire, mais par son côté moral. Il y discerne au premier plan les grands acteurs du drame, Dieu et la liberté humaine. On peut déjà pressentir qu'il l'écrira avec un burin de fer pour en faire le jugement dernier de la conscience humaine.

Ce même bouillonnement de jeunesse, il le porte dans son amour de la nature, c'est une passion jalouse. Il l'aime comme une maîtresse idolâtrée. Il y a surtout un coin de pays qui a son culte, c'est le lac du Bourget dont l'eau bleue a tant de fois bercé et enchanté ses rêveries. Quand parut le *Raphael* de Lamartine il lui sembla que le grand poète avait profané le sanctuaire de son imagination à force de le peindre avec détail. Ce n'était plus comme dans le *Lac* une poésie un peu vague semblable aux brillantes vapeurs d'un beau matin ; dans *Raphael* tous les aspects étaient minutieusement décrits.

« J'avais tant aimé ce lac et ses environs, écrit-il à la même date. J'y avais tant rêvé, tant pleuré, sans savoir pourquoi, étant encore enfant, qu'il était devenu pour moi la personnification de toute poésie et que cette nature triste et sauvage en même temps que pleine d'harmonie et de magnificence s'était, pour ainsi dire, identifiée avec la mienne. Je m'y sentais vivre, je m'y réfugiais toujours en imagination dans mes heures d'ennui, j'y avais placé le roman de ma vie ; il me semblait que cela m'appartenait à moi seul. Je ne saurais te rendre ma jalousie et mes regrets lorsque je vis toutes ces beautés secrètes étalées à tous les regards par une main étrangère. Figure-toi un amant dont la fiancée a été exposée sur la place publique. »

Avec une âme si passionnée, Lanfrey ne s'est pas contenté d'aimer la nature. Sa jeunesse a eu sa fraîche idylle à Turin où il fut conduit à la suite de circonstances sur lesquelles nous devrons insister parce qu'elles ont eu une grande influence sur son développement moral. Sous le toit modeste où il avait trouvé plus qu'une hospitalité mercenaire, il rencontra une jeune italienne, qui pour quelques mois incarna ses plus charmantes visions.

« J'occupe ici une chambrette, écrit-il en 1851, chez de très aimables personnes. Le propriétaire est un médecin plein de bonhomie et d'affabilité, il a une femme et une fille. La femme est une véritable Italienne, ce qui veut dire qu'elle est mille fois plus femme qu'une Française. Elle a pour moi des attentions toutes maternelles et m'a déjà dit plusieurs fois qu'elle voulait me servir de mère. Comme elle ne comprend pas le français, c'est sa fille qui lui sert d'interprète. L'interprète a dix-sept ans et elle est belle à rendre fou un homme moins philosophe que moi. Ce matin il m'est arrivé d'avoir une phrase à lui faire traduire. Sa mère m'a conduit dans sa chambre et une fois en sa présence j'avais tout oublié. Elle a un type de beauté très rare. Il n'a rien du type italien qui a quelque chose de trop viril pour une femme, c'est une figure de lady très délicate et très fine, mais d'un blanc mat. Elle a sur les traits un nuage de tristesse et de rêverie qui la complète et l'idéalise singulièrement. J'ai le privilège de la faire sortir de son nuage. C'était plaisir de la voir rire à belles dents ; alors une nuance de malice remplaçait le sérieux mélancolique de son regard. »

Ce roman, selon sa spirituelle expression, se termina en pente douce. Ce ne fut qu'un gracieux épisode dans une vie qui ne fut pas sans agitation au point de vue des affections. Il lui manqua les joies et les apaisements du foyer domestique comme il le reconnaissait lui-même avec une profonde tristesse. « Si vous saviez, écrivait-il bien plus tard en 1866, à une amie, le mal horrible que me fait l'absence d'un intérieur, je vous assure que vous ne me plaisanteriez pas. » Quand on cherche, ainsi que l'a dit Lanfrey dans une lettre très remarquable, l'infini dans les affections humaines, on se donne assez volontiers ce qu'il appelle les orages

de l'Océan et les fascinations de l'abyme. On ne peut
pas mettre son cœur, selon ses propres expressions, à
la température d'une éternelle tiédeur et à l'abri des
variations d'un ciel capricieux. Lanfrey comprenait
mieux que personne, comme le prouvent ses regrets
de la vie de famille, que lorsque le fleuve de nos affections coule entre ses rives naturelles, il n'a pas besoin
de déborder pour connaître l'infini, qui réside plutôt
dans la profondeur que dans l'étendue. Nous ne re-
viendrons plus à ce sujet toujours délicat, mais qu'il
fallait bien effleurer pour tracer une esquisse fidèle
de sa physionomie morale. Au reste, Lanfrey n'a
jamais perdu le respect de la femme, ce qui est toujours la preuve que la délicatesse de l'âme s'est con-
servée. Il n'a pas seulement éprouvé ce respect quand
il s'agissait de sa noble mère, mais il l'a montré en
toute occasion. On peut bien citer de lui telle boutade
humoristique sur la souplesse féline des grandes char-
meuses qui n'aiment rien tant que d'amortir les convictions fortes, et veulent qu'on leur sacrifie jusqu'à ses
idées. Mais ce n'est qu'un éclair de malice. Dans sa
correspondance il est chevaleresque, confiant, et prise
très haut ses amitiés féminines. Pour lui, l'idéal de
la femme est dans les vertus modestes ; « les seules qui
lui conviennent, » dit-il. On a de lui des lettres charmantes à une jeune cousine dont il s'était constitué le
tuteur moral et pour laquelle il faisait de grands sacrifices au temps de son plus grand dénuement. C'est
à l'occasion de l'éducation de cette jeune orpheline,
qu'il écrivait à sa mère ces mots généreux : « N'eus-
sions-nous qu'un morceau de pain, notre devoir serait
de le partager avec ceux qui sont plus malheureux que
nous ; à plus forte raison, devons-nous le faire avec des
personnes qui nous tiennent de si près. » Voici en

quels termes délicats, élevés, il s'adressait à cette jeune fille dans une lettre datée de 1851 :

« Il y a bien longtemps que je n'ai reçu de tes petites lettres qui me font tant de plaisir. Est-ce que les distractions nouvelles pour toi de la vie de pension te feraient oublier ceux qui t'aiment, ou craindrais-tu de me confier tes ennuis, si tu en éprouves — ce que je ne puis croire. A qui donc les dirais-tu, chère enfant, si ce n'est à moi. Ne serais-je pas toujours heureux de partager tes peines comme tes joies? Rassure-moi ; j'ai besoin de connaître le détail de ta vie de tous les jours, le genre de tes études et aussi tes impressions bonnes ou mauvaises. Pourquoi ne serais-je pas un peu ton confesseur. Est-ce l'affection qui me manque? Dis-moi si tu te sens la volonté de faire des progrès et d'apprendre. Tu as beaucoup de choses que Dieu seul donne et qu'on n'enseigne pas, de l'intelligence, de la raison, de la sensibilité. Il faut que tu t'en serves. Il faut que tu te dises tous les jours que tu dois devenir une femme instruite, supérieure à ta position, capable de se créer un avenir, digne en un mot de ton père qui avait une vie grande et élevée. Tu ne dois pas rester une femme ordinaire. La vie que tu mènerais au sortir du couvent te tuerait. L'ambition que je cherche à t'inspirer peut seule te sauver. Pour réaliser cette ambition, il n'y a qu'un moyen, le travail qui développe l'âme tout entière. Tout ce qui rend l'âme meilleure est un travail. L'insuffisance de mes ressources ne m'a pas permis de te faire donner une éducation aussi brillante que je l'aurais voulu, mais telle qu'elle est, tu peux encore, je crois, en retirer beaucoup de fruit. Supplée par tes efforts à ce qui peut lui manquer. Plus tard nous la compléterons. »

## II

Ce n'est pas impunément que la pauvreté est généreuse. Lanfrey en fit une cruelle expérience à Grenoble même. Nous touchons aux grandes épreuves de sa jeunesse, celles qui donnèrent à son caractère la trempe définitive, cette énergie indomptable qui ne sait pas toujours se garder de l'âpreté. Toujours délicat de santé, il tomba gravement malade sans être entouré des soins nécessaires à un prompt rétablissement. Il vida jusqu'à la lie, comme il le dit lui-même, la coupe de la solitude fiévreuse, compliquée par une véritable indigence. Ce qui lui paraissait le plus dur d'après ses confidences à un ami, c'était de se sentir mourir sans avoir vécu. « Mourir, s'écriait-il, sans savoir pourquoi l'on est venu, sans savoir pourquoi on part, d'une mort qui ne profite à rien. Mon idée fixe dans la fièvre était de mourir pour quelque chose. J'aurais consenti à être haché en petits morceaux pour avoir la mort de l'ouvrier que le travail tue, du soldat frappé par une balle. » Désormais il ne connut que bien rarement la santé complète. Son tempérament nerveux subissait tous les contre-coups de ses impressions. Bien des années plus tard, en 1866, goûtant quelques jours de bien-être, il s'en étonnait comme d'une anomalie. « Par un contraste assez nouveau pour moi, disait-il, ma santé n'a jamais été si florissante. Et je me trouve au moral dans un état d'exaspération aigu. J'étais habitué à voir ces deux parties de mon être aller de concert. J'étais malade d'un décret, d'un discours ou d'une platitude quelconque. » Avec un tel tempérament moral et physique on peut imaginer ce qu'il souffrit quand le coup d'État du 2 décembre 1851 vint inaugurer par un véritable attentat le régime de la honte et de l'oppression. Lanfrey ne guérit jamais de cette date sinistre ; il commença par éprouver un de ces désespoirs mornes et absolus qui semblent sans issue. Il sembla à lui et à bien d'autres, que l'âme même de la France était enveloppée du fétide brouillard qui submergeait Paris le matin de l'attentat et qui ne fut déchiré que par la fusillade des boulevards. Il ne suffisait pas à Lanfrey de maudire l'auteur du coup d'État; le grand coupable, à ses yeux, était le pays qui lui paraissait ne plus croire à rien.

« Bonaparte nous a vaincus, s'écrie-t-il amèrement, parce qu'il croit à quelque chose, lui, il croit à son étoile. Si cet état de choses dure, il ne faut plus croire ni au progrès, ni à la justice, ni à l'honneur, ni à la vertu, ni à Dieu. J'ai passé ces deux jours à pousser des rugissements de rage... — Nous sommes vaincus, mon cher ami, écrivait-il à la même époque. Il faut en prendre son parti. Pour mon compte, c'est déjà fait. Je suis en train de me défaire de mes convictions politiques. La foi politique dans ce temps-ci, c'est la tunique fatale qui brûle et qui dévore. Laissons aux imbéciles le soin de prôner le bon sens des masses et les perfections de l'humanité. Voilà le résultat auquel nous mènent logiquement les mystifications que nous venons de voir. Je souhaite pour ton repos que tu y sois arrivé comme moi, sans passer pourtant par les mêmes tortures. »

C'est à partir de cette époque que Lanfrey porta dans ses appréciations politiques cette sévérité qui lui fit quelquefois dépasser la mesure, surtout dans ses jugements sur les personnes, car par un contraste étrange, sa raison ne fut jamais obscurcie par sa passion. Elle conservait toute sa largeur, toute sa sérénité, pour les questions de principe. Aucune colère patriotique ne parvint à en faire autre chose qu'un libéral. C'est ainsi que ce jeune homme de vingt et un ans, dans la lettre même où il exprime sa poignante indignation, ne donne aucun gage aux partis extrêmes, et juge aussi sévèrement les folies des socialistes de 1848, que le coupable affolement de la coalition des droites de l'Assemblée législative. De ce que le coup d'état est un crime, il ne s'ensuit pas que les autres partis n'aient pas commis des fautes graves et que la France mérite l'indulgence pour s'être abandonnée elle-même. C'est précisément ce mélange d'une haute raison politique avec cette impétuosité passionnée qui fait l'originalité de Lanfrey. L'esprit d'un sage s'unit chez lui à une fougue d'impressions sans pareille.

L'inauguration du régime bonapartiste en France eut un contre-coup fàcheux sur sa vie privée. Le renversement de la République lui fermait tout espoir de revenir à Paris de longtemps. « Je n'ai pas le pouvoir ni le droit, écrit-il le 18 janvier 1852, d'ajourner le repos de ma mère et de jouer sur un calcul de probabilité un avenir qui lui appartient aussi bien qu'à moi. Il faut que je la relève de son long labeur. Je vais donc, au lieu de partir pour Paris, me diriger vers Turin et m'y faire recevoir avocat. J'ai passé avant-hier une nuit atroce, parce que je me croyais placé dans l'alternative de sacrifier ou le repos de ma mère ou mes ambitieuses espérances. » Lanfrey appelait cette période de sa vie « sa montée de Calvaire, » parce qu'il s'était cru obligé de renoncer à tout l'avenir rêvé, pour embrasser une profession qui ne lui inspirait aucun goût. Il avait même eu un moment l'idée de se faire soldat comme son père. Son dévouement de fils l'emportait sur ses plus chères espérances ; sa tendre et respectueuse affection pour sa mère se manifestait en toute circonstance. C'est ainsi que, peu de temps auparavant, il avait déclaré à son notaire ne consentir à aucun délai pour l'acte de libération de tutelle, exigé par la loi. « Je compte sur vous, lui avait-il dit, pour dégager complètement ma mère de toute inquiétude au sujet de ce compte, et cela dans les conditions prescrites dans votre code; le mien m'oblige à protester devant vous que je ne pourrai jamais m'acquitter envers une mère excellente et dévouée comme est la mienne. Je me constitue pour toujours son débiteur insolvable. »

Il lui suffit de quelques mois pour enlever tous ses examens de droit et se mettre en mesure de prendre sa place dans le barreau de Chambéry où il ne devait jamais entrer, car la vocation qui l'attirait à Paris fut la plus forte. Il s'y préparait déjà à Turin. Dès cette époque il nourrissait le projet d'opposer à la réaction cléricale qui se prononçait de plus en plus en France, une vive peinture du mouvement libéral de la fin du dix-huitième siècle. Ses lectures étaient toutes dirigées dans ce sens. Il s'essayait en même temps à un projet de drame historique, sur l'émouvant épisode de Rienzi, qui devait être tout frémissant des passions généreuses qui l'animaient. S'il y eut un homme peu apte à faire de l'art pour l'art, c'est bien Lanfrey. Tout lui servait d'arme de guerre. Il forme un parfait contraste avec les brillants écrivains de notre temps qui mettent l'esthétique partout, jusque dans la morale. Un esprit militant tel que le sien ne pouvait être simplement artiste, aussi avons-nous lieu de nous féliciter qu'il se soit donné à lui seul la représentation tout idéale de son drame. L'amitié fut encore sa grande consolatrice, comme cela ressort d'une lettre écrite plus tard à un jeune médecin, où il lui rappelle leurs libres entretiens d'alors.

« Donnez-moi longuement de vos nouvelles, lui écrivait-il, en attendant que je voie renaître ici nos interminables causeries de Turin. Vous en souvient-il encore? Vous souvient-il de ces dissertations transcendantales sur le visible et l'invisible et de ces folles campagnes de l'imagination contre l'inconnu, de nos rêves enfin. »

Lanfrey savait à l'occasion donner de mâles conseils à son jeune ami. « Ne vous laissez pas décourager par ces misères, lui écrivait-il. Je sais, moi, qui en ai épuisé l'amertume, qu'on en sort plus fort et plus affermi. »

Lanfrey avait le droit de tenir ce langage après le sévère début de sa nouvelle installation à Paris, alors que dans sa mansarde il écrivait son premier livre, en proie à de cruels soucis, dont le plus poignant était d'imposer à sa mère d'inévitables sacrifices. Cette mère vaillante se trouva tout d'un coup prudente à l'excès. Elle le troublait de ses inquiétudes sur son avenir, et s'imaginait toujours qu'il avait abandonné la proie pour l'ombre d'une renommée qui pourrait ne jamais venir, dans l'incertaine carrière qu'il avait choisie, sans même être assuré d'un gagne-pain. Cette période de tourments exceptionnels est selon nous la plus belle partie de la vie de Lanfrey au point de vue moral. On ne saurait trop admirer l'énergie qu'il y déploya, le mélange de tendresse et de résolution qu'il montra dans ses rapports avec sa mère, et surtout la noble fierté avec laquelle il suivit sa ligne, sachant renoncer aux offres les plus brillantes, dès qu'il pouvait craindre qu'elles imposassent le plus léger sacrifice à sa dignité et à sa foi politique. Il pensait avec raison, que les plus chères affections ne peuvent l'emporter sur la conscience.

Nous ne craignons pas de multiplier les extraits de sa correspondance, presque tous inédits, qui nous initient à cette grande épreuve, à cette héroïque bataille de sa jeunesse. Nous ne connaissons pas d'enseignement plus bienfaisant pour apprendre à quel prix on se fraie sa voie, quand on veut avancer sans ramper dans une société encombrée comme la nôtre. Qu'on ne l'oublie pas, on peut ramper de tous les côtés, à gauche comme à droite. Le courtisan de la démocratie ne vaut pas mieux que le valet de cour; le carrefour vaut l'antichambre.

Voilà donc Lanfrey à Paris. Il a roulé dans son esprit plusieurs projets de livres. Un instant, il a pensé à une histoire de la monarchie de juillet, mais il a compris bientôt tout le péril d'une pareille entreprise. A une si courte distance, l'impartialité n'est pas possible; la sévérité ne manquerait pas d'être excessive pour les adversaires politiques, et la parfaite sincérité serait gênée vis-à-vis des amis. Panégyrique ou pamphlet, il n'y a guère de milieu pour une telle histoire qui serait même, tour à tour, l'un ou l'autre. Déjà depuis plusieurs années, le côté généreux, hardi, du dix-huitième siècle, avait, comme nous l'avons vu, saisi l'esprit de Lanfrey. Il s'était mis à l'œuvre, mais sa conscience littéraire, disons tout simplement sa conscience, lui interdisait un travail hâtif, improvisé; d'un autre côté, sa santé était trop frêle pour qu'il cherchât des occupations lucratives en dehors de la préparation de son livre. De là, la nécessité de recourir à sa mère, avec la ferme intention d'éteindre au plus tôt cette dette sacrée. Il cherche au moins à racheter les tourments qu'il cause bien involontairement à la chère absente en lui prodiguant les témoignages de son affection. Il y porte cependant cettte nuance de réserve dont il se départait bien rarement. Au reproche de ne pas assez mul-

tiplier ses lettres, il répond par ces mots qui sont bien
de lui :


« Est-il besoin que je vous envoie toutes les semaines
des protestations de tendresse et des serments de fidélité
comme font les amants ? Vous-même en seriez fort impor-
tunée malgré votre indulgence pour moi. Mes sentiments
vous sont connus et j'ose croire que vous ne me faites
pas l'injure de douter de leur sincérité. Il est donc inutile de jouer à la poupée. Quant à moi, je crois me con-
former à la loi des affections sérieuses en vous racontant
tout ce qui m'émeut ou m'intéresse sans y ajouter des
broderies sentimentales. »


Lanfrey n'en fait pas moins tous ses efforts pour
dissiper les inquiétudes maternelles.


« Vous avez, me dites-vous, beaucoup d'inquiétudes. Je
mène pourtant la vie la moins troublée qui fut jamais,
occupé d'une seule chose, terminer mon ouvrage et le
terminer le mieux possible. Il n'y a rien là qui doive vous
pousser au désespoir. L'avenir m'apparaît sous un aspect
beaucoup moins lugubre, non pas que j'aie une confiance
illimitée en mon étoile, mais parce qu'il me paraît difficile qu'il me joue des tours que je ne connaisse pas ou que
je n'aie pas prévus. Or, les uns et les autres me sont si
peu redoutables qu'ils entrent dans mon programme et
que je les ferai servir à mes desseins. »


Le temps paraissait long à Chambéry. L'échéance
tant attendue du livre espéré semblait toujours re-
culée. Il ne manquait pas de bons amis pour représenter qu'un autre s'y prendrait mieux et surtout plus
vite, et ces braves gens, habitués à livrer leurs toiles
ou leur drap sur commande au temps fixé, ne se faisaient pas faute de troubler l'esprit, pourtant si ferme,

de la pauvre mère qui demandait à son fils de revenir
au logis.

« Je me hâte, ma chère mère, lui répond-il, de dissiper
vos inquiétudes au sujet de ma santé qui est passable. Je
vous ai dit vingt fois ma résolution bien arrêtée. Je ne
retournerai en Savoie que lorsque mon ouvrage sera
achevé, imprimé et mis en vente. Les maladies de poitrine
n'y feront rien, pas plus que le choléra. La seule impression qui me reste de votre lettre est un profond sentiment
de découragement. Seul, sans appui, sans protecteur,
sans conseils ni direction, j'entreprends une tâche
énorme, écrasante pour un jeune homme, une tâche qui
exigerait dix ans de travail et que j'aurai accomplie en
quinze ou dix-huit mois, grâce à des efforts pénibles et
persévérants, une tâche qui me donnera une patrie à moi
inconnu, à moi pauvre, à moi exilé. Et vous, la seule con-
fidente de mes espérances et de mes incertitudes, vous le
seul témoin de cette lutte obscure, inégale, mais non sans
honneur, vous me découragez, vous vous moquez de
mes scrupules et des modifications consciencieuses que
j'apporte à mon œuvre, lorsque l'évidence m'y force. Vous
n'avez aucune foi à ce que j'entreprends. Vous avez la
simplicité de croire que je mène une vie de plaisirs avec
les cent cinquante francs mensuels. Pensez-vous qu'un
écrivain sérieux n'ait qu'à dire comme Dieu : « Que la
lumière se fasse. » Pensez-vous qu'il dépend de lui comme
il dépend d'un ouvrier d'allonger ou de raccourcir sa besogne à volonté ! Non, quand on met un titre sur un
livre, il faut remplir le programme qu'il annonce ou bien
on en est soi-même la première victime. Ce n'est pas comme
dans le commerce où l'on s'enrichit en vendant à faux
poids et en donnant du coton pour du fil. En littérature,
celui qui ne tient pas les promesses de l'étiquette mise
sur la chose vendue en est toujours puni. Mettez donc fin
à vos reproches de lenteur. Je suis plus impatient que
vous de terminer mon ouvrage, puisque c'est sur lui que
je compte pour sortir d'embarras. Mais rien au monde ne
me le fera livrer au public avant qu'il ne soit achevé,
c'est-à-dire qu'il soit l'expression vraie de ma pensée et

de ma capacité. Il y a là pour moi non-seulement une question d'amour-propre, mais encore plus une question de conscience. Je le jetterai au feu plutôt que de le publier imparfait. »

La lettre suivante, qui roule sur le même sujet, est d'un ton plus doux :

« Il n'est rien de tel, ma chère mère, qu'une bonne caresse maternelle pour remettre l'âme de ses agitations et lui rendre la paix. Votre dernière lettre me l'a prouvé ; je suis revenu tout entier à mon travail dont la partie la plus pénible est terminée, je veux parler des études préliminaires. Reste l'œuvre purement artistique, celle qui crée la forme, œuvre difficile dont dépend le succès, mais pleine d'attraits pour moi. Et ici, chère mère, permettez-moi une explication pour me justifier d'avoir entrepris un travail aussi long. J'aurais pu, comme tant d'autres, débuter dans le monde littéraire par un petit article de journal ou de revue qui ne m'aurait pas coûté plus de huit jours de travail. Si je n'ai pas choisi cette voie, c'est que je la connais fausse et mauvaise. Le public sait ce que valent ces feuilles volantes, il ne leur prête qu'une attention distraite. Au lieu d'éparpiller le peu de talent que je puis avoir dans l'une de ces petites revues qui meurent et naissent, je l'ai concentré dans un seul ouvrage sérieux, réfléchi, consciencieux. Le public prononcera mon arrêt qui me condamnera au repos éternel, asyle et tombeau des gens médiocres, ou aux orages de la célébrité ; mais quel qu'il soit, je crois avoir suivi la vraie méthode. »

Le côté le plus élevé de l'ambition de Lanfrey apparaît dans cette admirable lettre de la même année 1854 :

« Je vous ai écrit ma dernière lettre dans un de ces moments de découragement qui, par bonheur, sont assez rares chez moi et qui, au lieu d'abattre mon activité, ne font que me stimuler au travail, en me communiquant une énergie fiévreuse et désespérée. C'est l'incertitude de l'avenir et la rage où je suis de ne vous avoir encore pu retirer de cette galère de sacrifices qui sont cause de tout. Je souffre beaucoup, ma chère mère, lorsque je me dis que je suis le seul obstacle au repos que vous avez si bien mérité par tant d'années de privations. Toutes mes peines particulières, qui sont grandes et multipliées, ne sont rien auprès de celle-là. Je sais qu'il y a des gens qui me représentent comme exploitant votre vieillesse, vous sacrifiant à mes chimères sans avoir aucune préoccupation de votre bonheur et de votre tranquillité, tandis que je n'ai jamais eu pour but dans toutes mes entreprises en apparence les plus déraisonnables et les plus hasardées, que de hâter le moment où vous pourrez être libre, tranquille et heureuse, que de jeter un peu d'éclat sur le nom obscur de ma pauvre et vieille mère, afin qu'elle soit respectée et honorée par tous comme elle l'est par moi. Voilà la pensée qui est au fond de toutes mes actions, bien plus que cette folie qu'on nomme l'ambition et cette fumée qu'on nomme la gloire, et c'est dans cette pensée que je puiserai une force invincible pour renverser les obstacles que je trouverai sur mon chemin. Je vous ai, chère mère, révélé le secret de mon angoisse ; si j'échoue, on dira que je vous ai sacrifiée à mon ambition insensée. Mais je vous ai ouvert mon cœur et votre témoignage me suffira. »

C'est précisément dans un de ces cruels moments d'angoisse que Lanfrey, qui avait écrit quelques articles pour le *Siècle* dans l'unique dessein de servir sa cause, reçut des propositions très belles qui l'eussent mis, ainsi que sa mère, à l'abri de tout souci, s'il les eût acceptées. L'une d'elles ne méritait qu'un refus indigné, parce qu'elle eût exigé, sinon le ralliement à l'Empire, au moins l'abandon de toute polémique un peu vive, quitte à se rattraper par de violentes attaques contre le clergé. D'autres offres étaient à la fois belles et honorables, mais elles eussent pourtant réclamé une part trop grande du temps que Lanfrey voulait consacrer à son livre, et quelque peu gêné son indépendance. Il eut le courage de fermer la porte à la fortune qui y frappait, parce qu'elle eût apporté au moins une gêne à son libre esprit. « Je sors de chez l'éditeur d'un grand journal, écrivait-il alors, je viens de m'en faire un ennemi par suite de mon inaptitude radicale au rôle de protégé. »

L'ouvrage s'achevait au travers de ces luttes et de ces déboires. Lanfrey renonça à ses vacances de Savoie pour lui donner la dernière main à la campagne, dans une solitude complète. Il se relisait et se jugeait à l'ombre des grands bois. Le livre une fois terminé, il s'agissait pour le jeune auteur sans notoriété et sans protection de trouver un éditeur. Pour qui connaît sa nature fière et même hautaine, il est facile de comprendre qu'il se résigna difficilement à ce genre de démarches.

« Mon livre est fini depuis quinze jours, écrit-il à sa mère, et depuis lors je fais le métier le plus infernal auquel un homme qui se respecte puisse être soumis, celui de solliciteur. Je sue tout le sang que je tiens de mon père et de vous, sang indépendant et généreux s'il en fut, et qui s'indigne de cette humiliation nouvelle. Malgré ma bonne volonté, je suis si peu taillé pour cette vile besogne que je n'ai réussi jusqu'à présent qu'à me faire un ennemi et cela d'un homme à qui j'étais recommandé et plein de bienveillance pour moi. »

Rien de plus tristement comique que son odyssée chez les grands libraires. La plupart du temps, on le juge sur sa mine. « Comme j'ai l'air beaucoup plus jeune que je ne le suis, on me sourit d'un air obligeant, on déclare qu'on serait très flatté de publier mon ouvrage si on ne publiait dans ce moment même un travail sur le même sujet de M. X... » Un beau jour, Lanfrey est gratifié d'une bonne parole par un éditeur à souhait. On lui a dit de revenir quelques jours après. Hélas! le manuscrit a dormi dans les cartons des grands libraires qui deviennent si facilement des catacombes. Il le reprend, non sans irritation. Enfin, sur des calculs flatteurs, il se décide à publier lui-même son livre et à risquer encore une forte somme. Il se voit à la tête de deux mille exemplaires qui menacent de remplir sa chambrette et de l'y étouffer, faute de trouver un écoulement. Quand il eut doublé tous ces caps, où l'eau dormante était plus à craindre que la tempête, il eut encore à redouter l'irritation que devait provoquer un livre parfaitement sincère, qui heurtait à des degrés divers tous les partis, dans ce qu'ils ont de sectaire et d'étroit.

Malgré toutes ces difficultés accumulées, l'apparition du livre l'*Église et les philosophes*, fut un événement. Le succès fut de suite considérable et l'inconnu d'hier entra soudain dans la grande lumière de la réputation. Les suffrages les plus précieux, venant des hommes dont l'approbation était déjà une récompense, lui furent prodigués. Les cercles les plus choisis de la société libérale s'ouvrirent à lui, et il y rencontra partout la sympathie et l'admiration. Ses lettres d'alors respirent la satisfaction la plus vive. Il en ménage d'autant moins l'expression, qu'il sait que sa mère y trouvera une ample compensation à tout ce qu'elle a souffert pour lui et avec lui.

Avant d'aborder la carrière publique de Lanfrey, qui commence dans cette année 1855 avec l'apparition de son premier ouvrage, essayons de résumer les traits de sa physionomie morale tels qu'ils nous ap-

paraissent à cette époque, et qu'ils se dégagent de
ces années de laborieuse et souvent douloureuse préparation. Pour ce qui concerne l'apparence extérieure,
il nous est très fidèlement dépeint par un de ses amis
qui lui a consacré des pages émues, où nous avons
trouvé plus d'un renseignement précieux. Nous l'y
voyons tel que nous l'avons connu plus tard, car il a peu
changé jusqu'à sa dernière maladie. De taille moyenne,
la tête légèrement inclinée, les cheveux blonds bou-
clés, les yeux vifs et clairs, la moustache fine, la démarche assurée, il avait un je ne sais quoi de délicat,
d'attractif et de militant dans tout son être[1]. Au
moral, il est l'honneur même, l'honneur délicat, fier.
Il ne se prodigue pas, il se tient sur la défensive. De
là une certaine dignité froide qui ne se détend que
dans l'intimité, et donne d'autant plus de prix aux
marques de son amitié. Nous avons vu quel cœur
chaud de fils et d'ami bat sous son apparence un
peu glacée. Son idéal moral et politique est très
élevé, mais il lui sacrifie sans hésiter quiconque n'y
répond pas ou s'en écarte. La sévérité de ses jugements est sans mesure; le mépris est chez lui amer et
sanglant; il l'appelle son souverain consolateur. Il ne
connaît les circonstances atténuantes ni pour les in-
dividus ni pour les peuples, et ne voit volontiers qu'un
seul côté des choses. Personne n'a eu davantage les
haines vigoureuses d'Alceste contre la bassesse; c'est
contre l'iniquité triomphante qu'il en dirige les traits
les plus sanglants. Ses premières appréciations sont
presque toujours à l'emporte-pièce. Il a de lui-même
une très haute idée : « Je suis de ceux, écrivait-il à sa
mère à la veille d'aborder le grand public, qui savent

1. *Notes sur P. Lanfrey*, par un de ses compatriotes, p. 36.

et qui peuvent. » Il a trop d'orgueil pour se faire va-
loir. « Je n'ai pu de ma vie, disait-il encore, faire
quoi que ce soit pour la montre. La seule idée qu'on
attend de moi quelque chose de ce genre, suffit pour
me paralyser. Quand j'étais enfant, on n'est jamais
venu à bout de me faire réciter une fable. » Son désintéressement est complet. Il ne se soucie de l'argent
qu'en tant qu'il peut garantir son indépendance et
assurer le repos de sa mère. Il est, du reste, parfaitement incapable de faire fortune. Il avoue que toutes
les fois qu'il a touché à des affaires d'intérêt, il
n'a réussi qu'à s'enfoncer. Ce désintéressement qu'il
porte en toutes choses, se concilie chez lui avec une
certaine ambition, mais elle est d'un genre tout particulier. Il refuse toute concession à la médiocrité
pour parvenir. Il a suivi tout le premier le conseil
qu'il donnait à un ami : « Il ne faut pas abaisser sa
pensée devant les Béotiens. C'est cela qui est grave.
Je n'accepterai pas, disait-il plus tard, un rôle de
troisième ordre lorsque tous les premiers rôles sont
donnés à des nullités. Si c'est là de l'ambition,
avouons du moins que c'est une ambition qui ne ressemble pas à celle qui court les rues. » Il ne les court
jamais lui-même pour pousser sa fortune. Au fond, il
a l'âme triste et attend peu de la vie, qui est à ses
yeux une assez·pauvre invention. « La patience, dit-il
un jour, c'est le mot de la vie. L'espérance, c'est le
dieu de l'ironie qui l'a inventée dans un jour de colère
et l'a jetée en riant à nos imaginations crédules. » On
est étonné de trouver sous sa plume cette autre parole, qui n'est pas précisément un éloge de la patience :
« La résignation est la défaite de l'âme. » Il avait
raison s'il entendait celle qui s'accoutume et se plie à
la médiocrité. Ce qui a causé ses plus vives douleurs,

c'est de se sentir au-dessous de son idéal, ou du moins de ne pouvoir être chevaleresque qu'en parole. « Le triste régime qu'il me faut subir, écrivait-il un jour, énerve le peu de force et de fierté que j'aurais pu mettre dans mes écrits, mais une chose dont je vous prie de ne jamais douter, c'est de mon amour et de mon dévouement pour les opprimés. Je suis honteux seulement que ma mauvaise fortune ne m'ait pas permis de verser pour eux autre chose que de l'encre.» Ses convictions morales sont solides; elles se résument dans ces deux mots : Dieu et l'âme! Il n'a jamais fléchi dans sa foi à la conscience, sans pourtant avoir saisi le lien qui rattache les croyances morales à la religion proprement dite. C'est à ses livres à nous dire ce qu'a été sa conception sociale et politique.

Il nous a paru intéressant d'obtenir une sorte d'épreuve avant la lettre de sa physionomie morale, au moment même où il va sortir de sa retraite. Il a toujours profondément dédaigné et détesté la flatterie; aussi, n'avons-nous pas craint de rappeler les imperfections et les exagérations qui sont comme l'envers de ses belles facultés, ce qui, on le sait, ne manque jamais, même aux plus belles médailles humaines. Il n'était pas possible d'être si fier sans être hautain, si passionné du beau moral sans être quelque peu outré dans ses appréciations, si convaincu de sa propre idée sans être parfois étroit et absolu. — Il est fâcheux d'être aussi cassant, disait-on un jour à un homme d'esprit. — C'est vrai, répondit-il, mais aussi il y a tant de gens qui raccommodent.

## III

Nous n'avons garde d'oublier que cette notice biographique est en tête de la réimpression des œuvres complètes de Lanfrey. Aussi nous bornerons-nous à caractériser ses livres d'un trait rapide. Je réunis dans une même appréciation ses premiers ouvrages, qui ont été publiés de 1855 à 1860, réservant pour plus tard les détails biographiques sur cette période de sa vie, qui fut la plus heureuse peut-être, car, comme le dit Vauvenargue, qu'il rappelle à plus d'un égard, « les premiers rayons de la gloire sont plus doux que les premières lueurs de l'aurore. » Nous appliquerions plus volontiers ce mot charmant aux premières inspirations de l'écrivain, alors que, sans compter, il donne, avec une généreuse imprudence, tous les trésors de son cœur et de sa pensée. Que la jeunesse d'une noble intelligence est une belle chose ! Heureux celui qui lui est demeuré fidèle, et qui, selon le mot de Schiller, n'a jamais méprisé les rêves de ses vingt ans. Ces rêves-là, quand il s'agit de causes grandes et saintes, sont la réalité idéale, celle qui doit prévaloir en définitive, car rien n'est plus faux que l'idée que la vile prose des bas intérêts est destinée à avoir définitivement le dessus, uniquement parce qu'elle est terre à terre. Lanfrey est demeuré un homme de principe ; aussi ne nous laisse-t-il pas à déchiffrer la pénible énigme d'une vie contradictoire dont la seconde moitié est le démenti de la première.

Dégoûté d'un présent pâle et froid qui ne cherche que les satisfactions matérielles, l'auteur se rejette de toute son ardeur trompée vers le grand siècle qui prépara la Révolution française. De là son premier ouvrage intitulé : *L'Église et les Philosophes au dix-huitième siècle*. Il ne veut voir que les beaux côtés de cette grande époque et tout d'abord la généreuse hardiesse qui fut son inspiration dominante. Ce qui lui plaît dans le dix- huiteme siècle, c'est cette impatience de tous les préjujés, cette absence de tout calcul qui le distingue si profondément d'une génération avide de bien-être, prête à se faire dévote par conservatisme égoïste. A ne juger du livre de Lanfrey que par une lecture rapide, on croirait volontiers qu'il est un ennemi violent des idées religieuses prises en elles-mêmes. Rien ne serait plus injuste. Ce qu'il hait par-dessus tout, c'est l'intolérance d'une Église déchue, dans laquelle l'esprit de persécution avait survécu à la ferveur, et qui, dans les assemblées de son clergé, vendait au roi ses subsides au prix d'un redoublement de sévérité contre les schismatiques. C'est par opposition à ce honteux trafic d'une religion abaissée que Lanfrey exalte sans mesure les encyclopédistes. Ses colères, qui sont des plus vives, sont plutôt dirigées contre les abus du christianisme que contre le christianisme lui-même, bien que dans ce premier jet de sa verve indignée il confonde souvent ce qu'il distinguera plus tard, et qu'il soit excessif dans l'invective comme dans l'éloge. Il nous donne un Voltaire idéal qui n'est pas tout à fait celui de l'histoire. En voyant tant de voltairiens qui vont à des messes politiques et favorisent la réaction religieuse au bénéfice de l'autre, il lui plaît de faire retentir, au travers de leur hypocrisie, le rire terrible du grand railleur, qui n'est plus pour lui que l'apôtre, ou mordant ou indigné, de la libre conscience. Pourtant, il est bien loin de ce

libertinage d'esprit dont son héros a trop souvent
égayé son apostolat. Il a tout le sérieux d'une passion
jalouse pour la liberté, et il ne la conçoit pas en dehors
d'un spiritualisme décidé. « Le crime des auteurs du
*Système de la nature*, dit-il, est d'avoir nié la liberté
et la volonté humaine, et par là toute distinction entre
le bien et le mal, et d'avoir osé cette bouffonnerie ou
ce blasphème de définir la vertu, l'équilibre des hu-
meurs. Leur livre peut séduire l'intelligence, mais il
révolte le cœur et indigne la conscience, réfutation
éloquente et sans réplique qui est écrite partout où
palpite une âme d'homme [1]. » Voilà bien le fond même
des convictions de Lanfrey. Nous ne connaissons pas
de disciple plus fidèle de Kant, quoiqu'il en parle sur
un ton légèrement railleur qui vient de ce qu'il ne le
connaît que par des traductions, et que sa terminologie
barbare lui voile cette grande doctrine de l'impératif
catégorique, fondement inébranlable de la certitude.
Lanfrey, comme Kant, est frappé des antinomies de
la métaphysique; mais, loin de conclure au scepticisme, il admet, dans l'ordre moral, des vérités pri-
mordiales qui se montrent plutôt qu'elles ne se dé-
montrent, et qui procèdent de l'intuition. Il ne s'en
faut pas de beaucoup qu'il ne dise, avec Pascal, que
Dieu est sensible au cœur : « Le sentiment, dit-il,
nous en apprend plus sur Dieu et sur l'âme que toutes
les subtilités de la logique [2]. » Ce n'est jamais le Dieu
de la conscience qu'il attaque; il ne veut briser que
l'idole, mise à sa place par une dévotion mesquine.
Sans doute nous serions loin de souscrire à ses juge-

---

1. Lanfrey, |*l'Église et les Philosophes au dix-huitième siècle*,
p. 341.

2 *L'Église et les Philosophes au dix-huitième siècle*, p. 224.

ments sur le christianisme historique ; il se montre
sur ce point, surtout dans cette première période,
injuste et mal informé ; mais il n'en conserve pas
moins l'essence même de toute religion digne de ce
nom, la foi au vrai, l'idée morale dans son inflexibilité. Plus tard, sans jamais dépasser la philosophie
pure, il a distingué expressément entre l'Évangile et
ses réalisations imparfaites et contradictoires.

Ce qu'on ne saurait trop admirer dans ce livre
d'extrême jeunesse, c'est la correction et la pureté de
la notion libérale. Il n'hésite pas à voir dans l'école de
Rousseau « le mauvais génie de la Révolution », dans
la Constitution civile du clergé, « une œuvre louche
et mauvaise », une répétition aggravée de la faute de
Joseph II, « qui avait oublié que dans le domaine
ecclésiastique un gouvernement peut détruire et séparer, mais qu'il n'a ni le droit ni le pouvoir de ré-
former. » Pour lui, l'œuvre de la philosophie politique, « c'est de bannir l'idée religieuse de l'État, où
elle ne peut être qu'une cause de trouble et d'oppression, pour lui faire reprendre sa place dans la
conscience individuelle[1]. » On voit que, dès ses débuts,
il est encore plus libéral qu'anticlérical.

*L'Essai sur la Révolution* parut en 1867. On y re-
trouve les idées qui avaient fait l'originalité de son
livre sur *l'Église et les Philosophes au dix-huitième
siècle,* mais elles sont singulièrement adoucies et équi-
librées. On ne peut imaginer une conception politique
d'un libéralisme plus irréprochable. Le beau livre de
Quinet sur la Révolution n'avait pas paru ; on n'avait
pas encore vu un partisan authentique de la démo-

_______

1. *L'Eglise et les Philosophes*, p. 363.

cratie rompre courageusement en visière aux préjugés révolutionnaires. On eût dit, pendant longtemps, qu'il fallait continuer dans l'histoire la guerre des blancs et des bleus, et qu'il n'était pas permis aux partisans du grand mouvement de 1789 de faire des réserves. On leur demandait, sinon de tout louer, du moins de tout excuser, et si on n'exigeait pas d'eux qu'ils approuvassent les crimes, on voulait qu'ils établissent au moins qu'ils étaient nécessaires ou inévitables. C'était la doctrine du salut public appliquée théoriquement à l'appréciation des faits, après l'avoir été pratiquement au Gouvernement. Contradiction bizarre, par laquelle on s'imaginait servir la cause de la Révolution par la justification, et par conséquent l'encouragement de ce qui l'avait le plus compromise! Lanfrey ne se contenta pas de garder la liberté sévère de son jugement, il remonta au principe même des erreurs parfois criminelles de cette grande Révolution dont il n'a cessé de glorifier l'inspiration première; il le trouva dans la notion absolue de la souveraineté qui est à la base du *Contrat social*. Sa critique est d'autant plus forte qu'elle est mêlée de sympathie. « La gloire du Contrat social, dit-il, c'est d'avoir été l'instrument d'une résistance contre laquelle sont venus se briser les efforts de l'Europe entière. Son crime, c'est d'avoir forgé, au nom du droit, de l'égalité et du peuple, un des moyens d'oppression les plus ingénieux et les plus perfectionnés qu'on ait jamais conçus. La démocratie absolue, telle que la conçoit Rousseau, se confond avec le despotisme le plus absolu [1]. » Ce despotisme a pour premier effet l'anéantissement de l'individu au profit de l'association. Sauvegarder les

---

1. *Essai sur la Révolution*, p. 60.

droits individuels, à commencer par celui de la conscience, marquer à l'État l'infranchissable limite qu'il ne doit pas dépasser, sous peine de devenir tyrannique, et de le devenir d'une façon d'autant plus dangereuse qu'il sera démocratique, c'est là tout l'effort du livre de Lanfrey. Il prend place au premier rang de ceux qu'on peut appeler les individualistes de la politique, sans qu'il enlève rien d'ailleurs à l'autorité nécessaire du pouvoir central, qui est bienfaisante dans la mesure où il garantit et protège la liberté, et sans qu'il transforme la décentralisation en un fédéralisme dangereux pour l'unité nationale. Lanfrey a été conséquent jusqu'au bout avec son principe. La malheureuse politique de la Révolution à l'égard de la religion a été sévèrement jugée par lui. Il n'en admet pas d'autre que celle qui tend à la pleine séparation du temporel et du spirituel, et il cite avec admiration, à cet égard, la Constitution américaine, fille à la fois de la Réforme et du dix-huitième siècle, et produit légitime du grand mouvement qui affranchit les États-Unis, « la plus grande des choses humaines qui aient été faites honnêtement jusqu'au bout. »

Bien qu'il soit rempli pour les Girondins d'un enthousiasme qui ne sait pas se tempérer, il leur reproche avec raison « d'avoir accepté ce rôle enivrant de rois de la multitude »; rois, c'est-à-dire, en définitive, jouets et victimes de ces forces indisciplinées que la démagogie divinise. On a vu promptement le danger de cette apothéose, quand on dut reconnaître que la politique de la Montagne se réduisait à substituer l'infaillibilité du peuple à l'infaillibilité du Pape, sans oublier ce droit redoutable de s'accorder des indulgences plénières qui est l'accompagnement obligé de toutes les infaillibilités.

*L'histoire politique des papes* (1860) est un précis rapide, éloquent, sans aucune prétention scientifique. Les envahissements successifs de la papauté sont racontés dans un style clair et animé. Lanfrey dès les premières pages s'élève au-dessus de la polémique vulgaire contre le christianisme. Il reconnaît que « c'est par sa nature même que l'Église chrétienne des deux premiers siècles exclut toute idée d'autorité politique. Dans cet âge d'inspiration, de spontanéité et de désintéressement on distingue à peine en elle les premiers éléments de la hiérarchie. La notion d'une autorité spirituelle personnifiée dans un seul homme, n'en est pas moins absente. On voit par là, combien la papauté, que des théories intéressées ou une critique peu éclairée, ont présentée comme une institution née avec le christianisme et formée de toutes pièces, fut au contraire une création lente et progressive [1]. » C'est à cette création que l'auteur nous fait assister en montrant à l'œuvre tour à tour l'héroïsme, le génie, l'ambition, l'habileté poussée jusqu'à la ruse et ne reculant pas devant la falsification des documents. Après le triomphe vient le déclin, décrit également à grands traits ; l'auteur s'attache surtout à faire ressortir l'inévitable conflit entre la vieille institution papale, et la société issue de la révolution. On pressent le futur historien de Napoléon dans les pages si remarquables qu'il consacre au Concordat. La lutte entre la papauté et l'Italie nouvelle, est représentée dans toute sa gravité, mais le terme en est marqué avec une ferme certitude ; l'auteur n'hésite pas à prédire que le pouvoir temporel du Saint-Siège, si patiemment élaboré, n'y survivra pas.

1. *Histoire des papes,* p. 5.

Les lettres d'Everard sont à peu près de la même date ; c'est le livre où Lanfrey a mis le plus de son cœur et de sa pensée ; cette pensée ne s'exprime plus sous la forme de l'enthousiasme, elle est inspirée par une poignante tristesse. On peut dire de lui ce que Musset disait des vrais poètes :

> Leurs déclamations sont comme des épées.
> Elles tracent dans l'air un cercle éblouissant,
> Mais il y pend toujours quelques gouttes de sang.

C'est bien le sang de son cœur qui coule au travers de ces pages désespérées. Il y a là plus qu'une mélancolie littéraire ; on sort accablé de cette lecture. Rien ne ressemble moins à la pose tragique. Ce jeune stoïcien n'a pas de manteau pour se draper ; il laisse parler son âme ulcérée sans varier ses accents. La source de ses pleurs brûlants est pure et généreuse ; il ne ressemble pas à ces grands mélancoliques du commencement du siècle, René ou Obermann, qui ne savent pas sortir d'eux-mêmes et sont plutôt lassés des héroïques labeurs de leurs pères, que de leurs propres luttes. Non, Everard, selon sa propre expression, est un « Werther de la liberté. » Ce qui le désole et l'exaspère, c'est cette banqueroute frauduleuse de la plus glorieuse des révolutions ; c'est surtout la résignation honteuse de ses héritiers, c'est cette infâme prospérité qui engourdit les générations nouvelles et amortit jusqu'aux colères de ceux qui pourraient se souvenir ; c'est cette tyrannie devenue doucereuse et régulière, grâce à un merveilleux mécanisme administratif, qui oppresse plus qu'il n'opprime, sans faire crier sa victime. La date du livre en explique le caractère. Il parut à l'époque où le nouveau régime ne rencontrait plus les premières résistances et ne prévoyait pas encore le mouvement d'opposition qui devait le miner bientôt. Il semblait dans le silence de la presse indépendante que le gouvernement impérial fût maître du pays; il était parvenu à jeter la fougue française du côté des entreprises financières hasardeuses. L'Europe, qui le craignait et le flattait, reconnaissait son prestige; il avait une façon d'institution durable. Si les gloires éclatantes du Consulat n'ont pas pu consoler les vrais survivants de 1789, les succès, au fond fort inquiétants du second Empire, qui ne faisaient que favoriser la corruption systématique des mœurs publiques n'avaient d'autre effet que d'exaspérer un peu plus ses adversaires et ceux-là surtout qui, n'ayant point de passé politique, n'avaient rien à venger, si ce n'est la patrie avilie sous leurs yeux.

La phase des grands crimes par lesquels on fonde un régime de coup d'État, est aussi celle des luttes aiguës. On sent frémir les patriotiques colères et les proscrits sauvent l'honneur de la cause. Ce qu'il y a de plus pénible à supporter, c'est le calme rétabli, c'est la société reconstituée dans un forfait, sinon accepté, du moins installé avec son monde officiel, avec ses valets de tout rang et ses corps publics majestueux. Il semble que, sous un tel régime il n'y a plus rien à faire, car il ferme toutes les voies d'une opposition virile, et la résistance elle-même doit prendre des biais et ruser avec la force. Lanfrey n'essaie même pas de cette tactique, et n'a d'autre ressource que d'exhaler sa plainte courroucée.

A la même époque de brillants émules de l'auteur des *Lettres* d'Everard trouvaient le moyen de venger la conscience publique et d'engager une lutte pleine d'éclat contre un pouvoir détesté. La nécessité de

*d.*

rendre leurs traits plus fins sous un régime de cen-
sure, ne faisait que les aiguiser davantage. Il y a
une grande consolation à combattre efficacement ce
que l'on hait et méprise, et quand, dans une telle
guerre, on manie avec une supériorité sans rivale
l'arme dangereuse de l'ironie, surtout de l'ironie française, on est singulièrement réconforté par le mal
que l'on fait au puissant adversaire que l'on harcelle.
Le genre de talent, et j'ajoute, l'inflexibilité morale de
Lanfrey, ne lui permettaient pas cette guerre d'escar-
mouches brillantes. De là, le pessimisme implacable
qui anime ses lettres d'Everard. La mode n'avait pas
encore accrédité le pessimisme de nos bouddhistes occi-
dentaux qui, avec Schoppenhauer et Hartmann, mau-
dissent la vie en soi, parce qu'elle implique le vouloir
et l'effort, c'est-à-dire, selon eux, l'inévitable et stérile souffrance. Rien n'aurait été plus opposé à la vraie
pensée de Lanfrey. Le monde n'est pas pour lui le
mauvais rêve d'un démon malfaisant. Il croit au bien,
au droit, à la liberté, au grand but de la vie individuelle et sociale. Ce qui le désole, c'est que précisément son pays se soit détourné de ce but. Ce n'est pas
le vouloir qui lui paraît un mal, c'est bien plutôt l'absence de volonté, la lâche résignation au plus honteux
des faits accomplis. Il y a plus : ce qui par dessus tout
l'indigne et l'irrite, c'est de voir grandir ces doctrines
de fatalisme, qui, après avoir commencé par le
pessimisme, finissent souvent par l'épicuréisme, car
si rien ne peut être tourné à bien dans une destinée
irrévocablement perdue, le mieux n'est-il pas d'en
tirer le meilleur parti pour soi-même et d'en faire
au moins un objet de curiosité? Cette volupté des
esprits délicats sera un dédommagement presque suffisant pour eux, et ils demanderont à la science de les

consoler ainsi du désillusionnement cruel qu'ils lui
doivent.

C'est précisément à l'époque où parurent les lettres
d'Everard que commençait à fleurir la grande critique, qui mettait au service d'une vaste érudition un
talent incomparable d'exposition brillante et nuancée.
Elle était accompagnée d'une élévation d'esprit in-
contestable chez les maîtres qui prétendaient célébrer
à leur manière le culte de l'idéal; idéal fuyant et mobile,
difficile à saisir et à définir, mais qui n'était pourtant
pas la simple justification d'une réalité plate et honteuse. Chez les disciples, le scepticisme moral était sans
fard et sans réserve; ils élaboraient une philosophie de
l'histoire très commode pour tous les scélérats qui
réussissent. A les croire, ce sont les gens grossiers
qui parlent de la distinction du bien et du mal; les
gens fins et instruits ne voient qu'une gamme de
teintes décroissantes là où jusqu'ici on avait vu des
antinomies. Une portion — et ce n'est pas la moins
éloquente — des lettres d'Everard, est consacrée à
flétrir ce genre de critique. « Elle a beau, dit l'auteur,
s'intituler la grande critique, elle semble obéir en ce
moment à des inspirations assez petites. Dans le but
de s'affranchir de beaucoup de devoirs embarrassants
dans un temps comme le nôtre, elle n'a rien imaginé
de mieux que d'appliquer à toutes les productions de
l'esprit, les méthodes qu'on n'avait appliquées jusqu'ici qu'aux sciences naturelles et à l'histoire. Elle
s'est faite exclusivement descriptive et analytique.
Selon nos nouveaux docteurs, la vraie critique, la
saine critique, la grande critique enfin, doit garder au
sein de nos agitations la face sereine et immuable du
destin, et ne pas se compromettre dans la lutte. Ell
n'est pas justice, elle est indifférence. Elle peut élever

une statue à la finesse, mais à la condition de voiler celle de la vérité. L'homme a beau faire, tant qu'il aura sous les yeux le spectacle de l'injuste, du faux et du laid, il ne lui sera jamais donné d'arriver à ce calme suprême, à cette imperturbable sérénité qui est, dit-on, le partage des dieux, et en cela il se montre plus grand qu'eux et le digne fils de son père Prométhée. Cette imperfection fait pâlir leur gloire, et les cieux n'ont pas de béatitudes qui vaillent ce noble tourment[1]. »

On voit combien facilement chez Lanfrey le critique devenait un justicier, selon sa propre expression. Il est certain qu'il perdit souvent en largeur, en finesse d'appréciation ce qu'il gagna en vigueur et en sévérité morale. Il fut amené à négliger des éléments et des nuances sans lesquels la réalité n'est plus complète, et c'est ainsi qu'à force d'avoir voulu n'être que juste, il ne le fut pas toujours. Beau défaut, du reste, et qui donne peu de profit dans un temps qui, sous prétexte de tout comprendre, est trop habile à tout absoudre.

# IV

Ces cinq années si fécondes au point de vue littéraire, eurent encore leur large part de déceptions. Le succès de Lanfrey qui lui donna la réputation et l'entrée dans le monde le plus distingué, ne lui enleva pas les cruels soucis matériels dont il souffrait, surtout par leur contrecoup sur sa vieille mère.

---

1. *Lettres d'Everard*, p. 228, 232-233.

Les propositions brillantes abondaient, mais s'évanouissaient toujours au moment de se réaliser. Il avait été question d'un grand journal politique, la combinaison échoua inopinément.

La collaboration au *Courrier du dimanche*, premier essai de coalition libérale contre l'Empire, quelque honorable qu'elle fût, ne menait pas loin. Les livres de Lanfrey étaient trop en dehors des préjugés et des passions de parti, pour avoir une circulation considérable. Chacun d'eux accroissait l'estime et l'admiration pour le jeune écrivain, mais servait plus sa gloire sérieuse que sa fortune.

« Voilà où j'en suis, écrivait-il encore en 1859, toujours furieux, toujours tourmenté et en proie à des embarras mortels et sans cesse renaissants. Vous dire, écrivait-il à sa mère à la même date, les ennuis par lesquels j'ai passé depuis un mois, serait vous attrister inutilement. La plainte est toujours inutile. Mon malheur est d'être venu au monde trop tard. Il suffit que j'entreprenne une chose pour qu'elle tourne mal, même dans les conditions les plus favorables. »

Sa détresse fut telle au moment de la guerre d'Italie, qu'il pensa à s'enrôler comme volontaire. Sa situation changea avec la fondation de la *Revue nationale,* par M. Charpentier, qui lui confia la chronique politique.

Au travers de toutes ces difficultés, il menait une vie fiévreuse, à la fois de grand labeur intellectuel et de large expansion sociale. Il la décrit ainsi : « Je ne sors guère avant six heures du soir ; je cours le monde jusqu'à minuit et je retravaille jusqu'à trois heures. » Bien qu'il ne fût pas proprement un de ces causeurs brillants qui lancent le mot comme une fusée, il rencontrait dans la société libérale et polie l'accueil le plus sympathique, celui-là même qu'il méritait.

Il y eut dans la seconde moitié de l'Empire, un vrai renouveau de la conversation française. Madame Swetchine a dit avec beaucoup d'esprit, que rien ne réconcilie comme une haine tierce. La haine du triste régime qui pesait alors sur l'esprit français amenait les rapprochements les plus étranges. De cette rencontre d'intelligences supérieures, qui, pour n'être plus un choc, n'en était pas moins une secousse féconde, jaillissait de nouveau la flamme vive et brillante de cette conversation française que rien n'égale, à la fois passionnée et spirituelle, remuant sans avoir l'air d'y toucher tout un monde d'idées, et sur laquelle voltige toujours un souffle léger d'ironie. Certes, on ne saurait imaginer de fête intellectuelle plus complète que de rencontrer au même foyer, pour ne parler que des morts, Rémusat et Montalembert, Ampère et Doudan. N'ayons garde d'oublier les reines aussi spirituelles que gracieuses de ces salons si généreusement hospitaliers, qui apportaient aux entretiens cette grâce aimable et souvent piquante sans laquelle ils perdraient le meilleur de leur charme. Hélas ! la politique à outrance de ces dernières années est venue mettre fin à cet éclectisme social qu'on n'avait pas revu depuis la fin du dix-huitième siècle.

Cette vie de Paris était bien un peu tourbillonnante. Lanfrey la caractérisait avec esprit dans une de ses lettres. « Ici, écrivait-il à un ami, on n'a pas le temps d'être triste. Les aventures les plus exorbitantes et souvent les plus tristes passent si vite, qu'elles ont l'air d'être arrivées à un autre ; elles ne laissent d'autre impression que celle d'un roman varié et amusant à force d'être rapide. » Il semble qu'entre le travail de cabinet et la dispersion des soirées, il lui restât peu de temps pour les affections plus intimes. Il n'en était rien. Chaque été il revenait au pays natal, qui depuis la guerre d'Italie était entré dans la grande patrie française non-seulement en fait mais encore moralement, par le cœur. L'annexion de la nouvelle province ne ressembla en rien à ces coups de ciseaux de la diplomatie qui refont arbitrairement l'Europe, sans se soucier de tailler en vive chair, comme s'il s'agissait d'une simple carte de géographie. De nos jours on ne fait pas impunément violence à une nationalité. Il n'y a d'annexion réelle que celle qui est consentie. On a vu aux jours de périls et de sacrifices à quel point la Savoie était française.

Lanfrey consacrait ses vacances à sa mère et se retrempait dans cette nature, à la fois grandiose et riante, des environs de Chambéry. Quelque étendu et brillant que fût alors le cercle de ses relations, ses amis d'enfance et de jeunesse n'y perdaient rien. Ses lettres nous le montrent avec eux plein d'entrain, de gaieté, fidèle au rendez-vous qu'on se donne dans un café modeste pour deviser du passé. L'un d'eux est-il malade ou dans la peine, il lui prodigue les témoignages de sa fraternelle amitié. On le voit passer toute une nuit dans les larmes en apprenant les cruelles souffrances d'un ami. Une lettre de lui à une noble amie, à laquelle il avait voué une affection aussi respectueuse que profonde, révèle toute sa sensibilité délicate, quand il s'agissait pour lui de consoler un de ces deuils immenses qui creusent dans la vie un vide que rien ne comble.

« Quel attrait mystérieux, écrivait-il, a pour vous la

souffrance? Est-ce l'orgueil de la braver ou de la vaincre?
ou bien est-ce le plaisir cruel de voir tous ceux qui vous
aiment suspendus à cette inquiétude? La vraie cause de
votre ennui n'est pas un manque d'occupation pour votre
esprit, mais pour votre cœur. Ce n'est pas dans le temps
où respirait encore le grand cœur que j'ai tant aimé moi-
même, ce n'est pas alors que vous vous ennuyiez de la
vie. Si vous souffrez parce que rien de ce que vous aper-
cevez autour de vous ne peut combler le vide qui s'est
fait dans votre cœur, ce tourment même est une preuve
que vous ne pouvez vous passer d'une grande affection ;
ce qui n'est guère le signe de l'égoïsme. A tout cela, il n'y
a malheureusement que des remèdes qui ne dépendent
pas de notre volonté. »

Lanfrey, si difficile à contenter, parce que son idéal
était très haut, eut le bonheur de connaître la pleine
admiration dans l'amitié. Il suffit pour le comprendre,
de nommer le premier de ses illustres amis, Ary
Scheffer. Le grand peintre inspiré par les rêves, les
tristesses et les aspirations de notre siècle tourmenté,
qui a su mettre dans le regard du fils de Monique la
mélancolie d'un contemporain de Lamartine et la
flamme d'un néophyte, avait le cœur aussi grand
que l'imagination. L'art ne le consolait d'aucune des
misères de son temps; il savait mépriser comme
il savait aimer. Nulle création de son génie ne l'a
jamais distrait des hontes publiques. Sa généreuse
nature était bien faite pour pénétrer et encourager
une nature triste et réservée comme celle de Lanfrey.

On voit par sa correspondance quel coup cruel fut
pour lui la mort d'Ary Scheffer. Comme il le dit lui-
même, il le pleura de toutes ses larmes. Il fut également
admis dans l'intimité d'un autre grand peintre, de
**Gleyre,** que M. Charles Clément nous a si bien fait

connaître dans sa belle notice[1] ; Gleyre, lui aussi, avait été trempé dès sa rude enfance comme dans un autre Styx, dans les flots sombres de la pauvreté solitaire. Chose étrange ! celui qui semble un vrai fils de la Grèce par les œuvres lumineuses où la beauté de la forme revêt une grâce si exquise, a été l'un des plus rudes lutteurs de sa génération. On n'a qu'à lire le récit de son séjour en Orient pour comprendre ce que furent ces années de préparation. Son tableau des « Illusions perdues » est une poétique transfiguration de ses souvenirs ; il ne donne point l'idée de ces souffrances de sa jeunesse, dont il garda toujours un pli au front et une amertume au cœur. Lui aussi fut un des grands indignés de son temps ; rien ne le montre mieux que son opiniâtreté à ensevelir dans l'ombre ses chefs-d'œuvre, pour ne pas en parer à un degré quelconque, fût-ce dans une simple exposition de peinture, le triomphe d'un régime abhorré. Lanfrey et Gleyre étaient faits pour s'entendre ; le peintre fut même plus inflexible que le publiciste dans certaines de ses antipathies. Un autre maître d'une école bien différente fut au premier rang des amis de Lanfrey : M. Chenavard, dont l'imagination forte était unie à un esprit original assez hardi pour demander à l'art de symboliser la philosophie de l'histoire, noua avec lui des relations très étroites. En revenant d'Italie, il s'arrêta dans sa retraite de Chambéry. Il l'anima de sa conversation brillante, de ses piquants récits sur les contemporains, et il en emporta une affection mêlée de respect pour son hôte, dont il n'a jamais parlé qu'avec la plus vive admiration. C'est dans la

---

1. Gleyre, *Étude biographique et critique*, par Charles Clément, avec 30 photographies, Paris, 1878.

maison même de Lanfrey que M. Chenavard fit une très belle esquisse d'un portrait de Joseph de Maistre et de son frère ; noble témoignage de la vraie tolérance d'esprit chez des partisans aussi décidés des idées modernes.

La musique n'avait pas moins de charme pour le jeune écrivain, que la peinture ; il l'aimait, surtout suave et lumineuse, rappelant Raphaël dans Mozart. L'un de ses plus beaux souvenirs est un séjour fait à la campagne, chez M. Viardot, dans un site des plus pittoresques, qui était devenu, on le comprend, un vrai paradis musical. Lanfrey avait rencontré Manin chez Ary Scheffer. Il éprouva la plus ardente sympathie pour l'héroïque exilé, qui après avoir illustré à jamais son nom par sa défense de Venise et préparé l'unité italienne par sa politique prudente, gagnait modestement son pain et celui de sa fille infirme, en donnant des leçons. Si jamais la grandeur morale apparut de nos jours, c'est bien dans un tel type, car elle ne fut jamais plus simple et plus vraie.

A la mort de Manin, en 1858, Lanfrey fut sollicité par M. Planat de La Faye, à représenter la France avec M. Ferdinand de Lasteyrie, auprès du comité de Turin, qui préparait l'érection d'un monument au grand patriote. M. Planat de la Faye était un des amis les plus éprouvés de l'Italie. Lanfrey éprouva de suite pour lui l'affectueux respect qu'il inspirait à tous ceux qui l'approchaient. « Je vous remercie, lui écrivit-il de Turin, des bonnes paroles et des encouragements que vous me faites l'honneur de m'adresser. Je les accepte comme un engagement pour l'avenir, et je mettrai mon orgueil à m'en rendre digne. »

Manin obtint en France même, un monument plus durable qu'une statue dans le beau livre que lui consacra notre ami vénéré, M. Henri Martin. La touchante poésie de M. Legouvé y apportait une bien belle couronne.

Au travers de ces relations multiples, de ces travaux de longue haleine, de ces voyages, Lanfrey ne perd pas un instant de vue la marche des affaires publiques, en France et en Europe. Elles occupent toujours une grande place dans ses lettres intimes; il y exprime ses impressions toutes vives au premier choc des événements avec une audace de langage sans pareille. La paix de Villafranca fut pour lui un désappointement cruel. « Cette paix, écrit-il, est une grande infamie, et il faut avoir le dilettantisme de lâcheté qu'on possède dans certains cercles bien pensants pour se réjouir en présence des douleurs et des déceptions de tant de nobles cœurs. » Sa seule consolation est que le régime du 2 décembre n'en sera point consolidé comme on le croyait.

« Moins populaire en France qu'avant la guerre, lisons-nous dans une de ses lettres, il est déconsidéré en Europe par une défection si pusillanime, après de si formels engagements. Les Italiens auront appris à ne plus compter que sur eux-mêmes. Les peuples ne tiennent qu'à ce qu'ils ont payé très cher. Songez, en revanche, quel deuil et quel outrage pour le malheur, la vertu, le génie, pour tout ce qui pense, souffre, aime, espère, croit à la justice et à la vérité, si un Napoléon III avait pu, à si bon marché, passer grand homme. »

Plus tard, après Sadowa, son langage n'est pas moins énergique, alors même qu'il ne se rend pas compte encore de l'ineptie d'une politique étrangère

qui, comme le méchant de l'Écriture, a si bien creusé
la fosse qu'elle préparait à ses rivaux, qu'elle s'y est
sottement précipitée elle-même. Lanfrey, au moment
de l'affranchissement de Venise, croit encore à l'ascen-
dant de Napoléon. Cette délivrance, si chère à son
cœur pour tant de motifs, ne peut lui faire oublier le
malheur du reste de l'Europe, « de plus en plus placée
sous les pieds de deux hommes comme Bismark et
Napoléon III. Leur triomphe, dit-il, constitue une
des plus honteuses époques de l'histoire. C'est un
soufflet donné à la justice et à la vérité. » Le soufflet
fut encore plus cruel qu'il ne le pensait, car il faillit
être un coup mortel pour la France. L'Empire libéral
ne donna aucune illusion à Lanfrey, dès qu'il vit le
ministère Ollivier se refuser à la dissolution de la
Chambre.

Au reste, nous avons mieux que de simples lettres sur
les principales phases de l'histoire contemporaine de
1868 à 1870 ; nous possédons les chroniques de Lanfrey dans la *Revue nationale*, qui avait été fondée par
M. Charpentier, avec autant de courage que de désintéressement. Leur mâle vigueur produisit une vive
sensation. Il était plus à l'aise dans ses articles un peu
étendus que dans la polémique courante, parce que
son talent avait besoin, en quelque sorte, de prendre
du champ : il avait plus de souffle que de trait. Ne
donnant rien au hasard, il ne faisait qu'appliquer aux
péripéties de la lutte politique les principes qu'il avait
développés dans ses livres. A côté de ses chroniques,
il publia dans la *Revue nationale* plusieurs articles
étendus qui parurent réunis en volumes, sous ce
titre : *Portraits politiques*. C'est peut-être le plus remarquable des ouvrages de sa première période.

Il y aborde au fond le plus grand problème des

temps modernes, je veux dire l'accord de la démocratie
et de la liberté. C'est de sa solution que dépend le succès
définitif de l'œuvre entreprise par nos pères. L'*Essai
sur la Révolution* s'était surtout attaché à montrer
comment le problème avait été faussé par les idolâtres
de la souveraineté nationale. Les disciples du *Contrat
social* n'étaient pas les seuls à le dénaturer, sans parler
des survivants opiniâtres de l'ancien régime qui n'ad-
mettaient pas même qu'on essayât de le résoudre.
N'y avait-il pas dans la bourgeoisie française,
dans ces classes moyennes, héritières du glorieux
tiers de 1789, ou plutôt dans le grand parti consti-
tutionnel recruté parmi les libéraux de toute origine,
un conservatisme étroit qui prétendait reconstituer
un pays légal presque aussi fermé que l'ancien régime? Pendant la Restauration il fit cause commune
avec la fraction plus avancée des libéraux, parce
que la droite monarchique menaçait jusqu'aux principes fondamentaux de la France moderne. Après que
la Révolution de 1830 eut rendu impossible tout retour
à l'ancien ordre de choses, il s'agissait de savoir dans
quelle mesure une part serait faite progressivement
à cette démocratie qui grandissait tous les jours par
l'instruction et le travail. De dangereux conflits pouvaient surgir si les résistances étaient trop prolongées
en haut, et si les impatiences se montraient trop irri-
tées en bas. On sait ce qui advint. On peut discuter
longtemps sur la part des erreurs et des fautes de la
bourgeoisie qui occupa le pouvoir pendant la monarchie de Juillet, et de la démocratie qui ne cessa de la
battre en brèche. Il est certain que bien des impatiences eussent été contenues, si des satisfactions rai-
sonnables avaient été données progressivement par
les classes dirigeantes du temps. Ce problème histo-

*e.*

rique a été traité avec une sagacité et une profondeur
des plus remarquables dans les *Portraits politiques* de
Lanfrey. Son étude sur *le Régime parlementaire* sous
Louis-Philippe est un chef-d'œuvre. C'est vraiment
de la haute philosophie politique, sans aucun mélange
de personnalités blessantes. Il n'a ni haine pour le
régime de Juillet, ni enthousiasme pour la révolution
de 1848. Il voit celle-ci naître non de la force des choses,
mais de leur faiblesse, de cette espèce d'indifférence,
d'une nation sans colère et sans amour, pour des institutions qui s'étaient peu à peu réduites à l'état de décor
ou de fiction, faute d'avoir fourni un aliment suffisant
à la vie publique. La grande erreur des gouvernants de
cette époque, d'ailleurs honnêtes et scrupuleux obser-
vateurs des lois, était d'avoir pris le pays légal pour
le pays lui-même, et de n'avoir pas jeté la sonde au-
dessous des surfaces dormantes, au sein des eaux
profondes où se produisent les grands courants. Malgré
les avertissements de Tocqueville, on n'avait oublié
qu'une chose dans une société, après tout démocratique, c'était la démocratie elle-même, ses aspirations,
ses inquiétudes, ses malaises. La vie s'était trop ra-
réfiée dans le cercle des politiciens émérites. La
lampe s'éteignit faute d'huile. Les hommes de 1848
furent surpris les premiers d'avoir triomphé ; la révolution nouvelle n'était pas viable, parce qu'elle arri-
vait sans préparation, formée, elle aussi, à l'école de
la centralisation administrative. N'ayant pas de programme défini, elle était contrainte de reprendre ce
qu'il y avait de plus usé dans la tradition républi-
caine, sauf la violence qui n'était plus de saison.

L'étude de Lanfrey sur *Armand Carrel* n'est pas
moins distinguée ; c'est encore le même sujet. L'émi-
nent publiciste de 1830 avait une grâce d'état pour

opérer ou préparer la réconciliation de la liberté et de la démocratie. Sa parfaite distinction morale et intellectuelle, son idéal politique, tout entier puisé à l'école américaine, son courage héroïque, son éloquence ardente et pourtant attique, tout contribuait à en faire un médiateur entre les classes populaires dont il partageait les aspirations sans les illusions, et la bourgeoisie libérale qui voyait en lui un de ses représentants les plus authentiques. Malgré les fautes qu'il a commises plutôt par excès de discipline que par entraînement, et dont la principale fut de sortir parfois des voies légales, il n'a fait aucune concession au parti jacobin et autoritaire, car il n'a pas cessé d'être un vrai fils de 1789. Lanfrey a peint avec amour cette figure chevaleresque qui lui ressemblait par plus d'un côté, et tout d'abord par le fier dédain de cette bassesse qui cherche plus à exploiter une cause qu'à la servir. Au reste, le jeune écrivain ne prenait guère le chemin d'un autre succès que l'estime publique. Dans ses *Portraits politiques*, aussi bien que dans ses précédents écrits, il s'attaquait de préférence et sans ménagements aux puissances établies dans l'ordre intellectuel comme dans la sphère politique. On eût dit qu'il avait pris pour devise : *Debellare superbos*. Jamais une seule flatterie ne s'est glissée sous sa plume. Lanfrey a poussé l'austérité dans ce genre aux dernières limites, et il a écrit à l'Académie française des pages ironiques qui semblaient avoir pour but de lui en fermer à jamais la porte.

On avait surtout remarqué, dans ses *Portraits*, une véhémente critique de l'*Histoire du Consulat et de l'Empire* de Thiers qui avait tous les caractères d'une ardente réaction. Tout ce que disait Lanfrey sur le premier Empire était vrai, mais il ne disait pas tout; il en relevait le côté sombre, criminel même, mais il n'en expliquait pas le prestige, et cette lacune empêchait de comprendre que l'illustre historien eût subi cette fascination avec toute sa génération, à l'époque où la haine de la Restauration transfigurait le bonapartisme et semblait le rattacher à la cause même de la Révolution. Rien n'était plus légitime que de chercher à dissiper ce malentendu ; mais il fallait expliquer en même temps comment tant de libéraux sincères s'y étaient laissé prendre. A tête reposée, Lanfrey eût rendu plus de justice à cette œuvre monumentale, qui a pour qualité maîtresse ce qu'aucun procédé ne communique : je veux dire la vie, ce je ne sais quoi, qui, d'une masse énorme de faits, de documents, de descriptions de batailles, d'exposés financiers ou diplomatiques, constitue un véritable organisme. *Mens agitat molem.* Si ce grand livre, surtout dans les premiers volumes, paraît tout ébloui de l'éclatante renommée de son héros, c'est qu'à cette époque son auteur ne possédait pas le triste commentaire de l'épopée impériale, que le second Empire nous a donné. Celui-ci s'est chargé de montrer tout ce que le bonapartisme, ressuscité et appliqué comme principe de gouvernement, doit entraîner de malheurs et de hontes avant même qu'il ait passé par l'inévitable accès de démence politique qui est la crise finale de tous les despotismes. L'aventurier a expliqué le conquérant, sans être, au fond, plus fatal à son pays. La postérité fera pourtant toujours une différence entre le rêveur incapable qui n'a laissé après lui que l'opprobre avec le désastre, et l'incomparable génie qui a fait rejaillir sa gloire, même en disparaissant, sur la nation qu'il a écrasée tour à tour du poids de son pouvoir effréné et de celui de sa chute.

Ces réserves faites, nous n'en reconnaissons pas moins que l'*Histoire de Napoléon*, de Lanfrey, commencée dans la *Revue nationale* quelque temps après la publication des *Portraits politiques*, est une magnifique revanche de la conscience. Il avait sans doute eu plus d'un précurseur dans cette voie, et, sans parler de bien d'autres, on ne saurait oublier ni Madame de Staël ni Lamartine : la première avait de mortelles offenses à venger et pouvait ne pas paraître désintéressée, bien que sa cause fût celle du droit et de la liberté ; le second avait parlé en orateur et en poète, avec une hauteur de vues qui en avait fait un vrai *vates*, un prophète de la conscience. On n'a, pour s'en convaincre, qu'à relire son mémorable discours sur le transfert des cendres de Napoléon et les pages qu'il lui consacre dans son *Histoire de la Restauration*. Il fallait plus que cette éloquence pour détruire le faux idéal napoléonien qui avait enivré l'imagination française au profit d'une grandeur trompeuse, faisant pâlir l'idée morale devant les jeux terribles d'une force démesurée. Il fallait une histoire complète, puisée aux sources, constamment éclairée par une conscience droite et inflexible, incapable de se laisser éblouir ou étourdir par les prodiges du génie. Voilà ce qu'a tenté Lanfrey avec une rare puissance de travail et de talent. C'était une bonne fortune pour lui d'entreprendre une telle histoire après la publication de la correspondance de Napoléon, monument incomparable de la plus merveilleuse activité d'intelligence qui fût jamais, et du plus insolent mépris pour tout ce qui s'appelle droit, justice, liberté. Lanfrey, sans faire étalage d'érudition, a consulté tous les documents *dignes de foi*, quelques-uns très curieux et non connus, spécialement en ce qui concerne la jeunesse de Napoléon. Il nous le montre prêt, dès le début, à tout faire pour obtenir le pouvoir, comme dans le curieux incident de sa nomination au grade de chef de bataillon de la garde nationale d'Ajaccio, où il se donne à lui-même une répétition anticipée du 18 brumaire, en s'emparant de vive force du commissaire de la République. Lanfrey fait ressortir, avec une rare sagacité, le caractère nouveau que Napoléon imprima à la guerre dès ses glorieuses campagnes d'Italie. Ses proclamations ne font plus appel, comme celles des premiers généraux de la Révolution, à l'enthousiasme de la cause, mais à la double ambition de la gloire et du butin. Si Lanfrey laisse un peu dans l'ombre ce que le Consulat eut de réparateur au point de vue de la paix publique, surtout en comparaison de l'anarchie énervante du Directoire; il justifie parfaitement le vers fameux :

« Déjà Napoléon perçait sous Bonaparte. »

L'empereur est tout entier dans le consul, qui est tout aussi incapable de se modérer, aussi effréné dans dans son despotisme, aussi indifférent sur les moyens employés que le vainqueur enivré d'Iéna et de Tilsitt. Son mépris pour la morale et pour l'humanité n'est pas moins insolent, avant de s'être posé en César romain qu'après l'universelle prostration du pays à ses pieds. Il est bien déjà, selon un mot connu, un Robespierre à cheval; il est vrai que ce Robespierre est le vainqueur de cent batailles; mais, de même que son devancier, il n'a d'autre politique que celle de la raison d'État, d'autant plus monstrueuse que le salut public se confond pour lui avec son absorbante personnalité qui veut être tout, toujours et partout.

On ne saurait trop'louer la partie du livre de Lanfrey
qu'il a consacrée à l'analyse de la Constitution de
l'an III, si lestement traitée d'ailleurs par son propre
auteur, qui n'hésita pas à briser dans le Tribunat l'un
de ses rouages essentiels, dès qu'il se permit de montrer quelque indépendance. Si on laisse de côté l'administration financière, chef-d'œuvre d'ordre, de
régularité, de bonne entente, l'administration impériale fut le fonctionnement le plus abusif d'une centralisation poussée à l'excès. On dirait une grande
horloge destinée à être remontée et réglée tous les
jours par le maître lui-même. Il veut toujours avoir le
moteur central sous la main et disposer seul des forces
morales comme des forces matérielles de la nation.
On en peut juger par ce qu'il a fait dans la sphère
religieuse et dans la réorganisation de l'instruction
publique. Les chapitres consacrés par Lanfrey à
l'Université et au Concordat sont au nombre des
meilleurs. La seconde partie de l'ouvrage était d'une
exécution plus facile, parce que, quand les fautes
éclatantes commencent avec l'accompagnement des
revers et des catastrophes, l'intelligence, qui est trop
souvent en retard sur la conscience, s'éclaire à coup
sûr et condamne très facilement ce qui penche vers la
ruine. Les derniers volumes parus de cette grande
histoire montrent le talent de l'auteur arrivé à sa
pleine maturité : il retrace d'un pinceau sobre et énergique les merveilleuses campagnes des premières
guerres de l'Empire, sans jamais perdre de vue l'histoire intérieure, rendue si terne par l'absence de
liberté. Il retrace de main de maître la diplomatie à
la fois perfide et affolée qui prépara les désastres ;
le récit des débuts de la guerre d'Espagne est un
chef-d'œuvre. Il en était précisément arrivé aux grands

désastres de la campagne de Russie. Nous éprouvons un amer regret de penser que Lanfrey laisse son œuvre inachevée. Et pourtant ne nous plaignons pas trop; d'autres sauront toujours retracer les défaites et en tirer la morale. Personne n'aurait pu le remplacer pour flétrir le mal à ses jours de triomphe et de gloire.

Nous n'aurions pas le regret de ne posséder qu'une œuvre inachevée si Lanfrey avait eu une conscience littéraire moins délicate. Il a laissé son dernier volume presque terminé, du moins en premier jet, mais il ne pouvait se résigner à ce qu'il parût sans la révision sévère à laquelle il s'obligeait, même après le rude labeur de la première rédaction. Il se préparait à sa tâche par les recherches les plus assidues et avait appris les principales langues de l'Europe, pour ne jamais se contenter de documents de seconde main. Il a tiré parti, avec une rare sagacité d'historien, des débats du Parlement anglais sur les affaires européennes. On a retrouvé la note suivante, toute personnelle, dans ses derniers manuscrits; elle révèle d'une manière belle et touchante sa conscience d'historien :

## SAINTE-HÉLÈNE

### MANZONI — LAMARTINE.

Taisez-vous, poètes! Cet arrêt doit être porté par d'autres juges que le sentiment et l'inspiration. Ce n'est pas de trop de toutes les forces d'une raison sévère et attentive, soutenue par le religieux respect de la vérité. — Tremblement!...

## V

En parlant des derniers travaux historiques de Lanfrey, nous avons quelque peu anticipé, car il ne put s'y remettre que quelques années après la guerre de 1870.

Nous serons brefs sur cette conclusion de sa vie, qui en fut pourtant la partie la plus brillante. Deux ans auparavant, il avait reçu de la haute société anglaise un de ces accueils sympathiques qui sont presque la gloire. Son *Histoire de Napoléon* lui avait valu les plus chaudes admirations. Nulle part les entraînements de l'opinion ne sont plus prompts et plus flatteurs ; il goûta pendant quelques semaines ce que la renommée a de plus enivrant dans cette aristocratie aussi enthousiaste qu'elle est fière, et qui fait si aisément des réceptions princières aux favoris de son choix.

Le plébiscite de mai 1870 fut immédiatement jugé par Lanfrey, comme il méritait de l'être ; il y vit la préparation des plus dangereuses aventures. Il fit parvenir ses avertissements à ses compatriotes de la Savoie, dans une lettre rendue publique :

« On affecte, disait-il, de consulter la souveraineté du peuple, mais c'est dans l'espoir que son ignorance seule répondra. Apprenons à tenir compte de l'expérience unanime des nations libres et laissons ces moyens discrédités à une politique sans principes. Hommes d'État sans convictions, qui prétendez être les ministres d'une réforme et qui n'êtes plus que les ministres d'un caprice, épargnez-nous désormais vos protestations d'indépendance ; vous n'êtes plus que des complaisants. »

La guerre, déclarée moins de trois mois plus tard,

justifiait ses prévisions. Par une étrange inadvertance, le président Schneider, chargé de présenter à l'Empereur les vœux du Corps législatif, commençait son discours par cette phrase, empruntée, sans qu'il le sût, à l'*Histoire de Napoléon :* « L'auteur d'une guerre n'est pas celui qui la déclare, mais celui qui la rend nécessaire. » Le plus piquant de l'incident, c'est que l'Empereur, en la répétant, l'attribua à Montesquieu. « Qui m'eût dit, écrivait Lanfrey, que je travaillerais à lui fournir des maximes ? »

C'est à Chambéry qu'il apprit l'ouverture des hostilités. Il savait que la guerre venait d'être déclarée sous l'inspiration de la camarilla du coup d'État, qui ne pouvait se résigner à disparaître de la scène. Cependant il était bien loin de prévoir les effroyables désastres qui allaient fondre sur la France et la mutiler, parce que, quelque dure et méprisante que fût son opinion sur l'Empire, il ne pouvait s'imaginer une démence assez criminelle pour jouer la fortune du pays en pleine désorganisation militaire. Les premières défaites le plongèrent dans un de ces désespoirs qui enlèvent la sérénité et par conséquent l'impartialité à l'esprit. Ce n'est pas de sang-froid qu'il se fût exprimé aussi sévèrement qu'il le fit sur un gouvernement qui, dans un pays dévasté et désorganisé par l'invasion, en proie à toutes les difficultés financières, politiques et militaires, n'en organisa pas moins la défense du sol de manière à sauver l'honneur et à inquiéter un puissant ennemi, moins injuste pour lui que les faiseurs d'enquêtes passionnées ne l'ont été à l'Assemblée nationale en pleine sécurité et à tête reposée. Le gouvernement commit des fautes, il eut ses entraînements, souvent il fut mal servi et compromis par des agents maladroits et aussi par quelques-uns de ces êtres malfaisants qui

cherchent leur proie dans les désastres publics, comme
le chacal ou le vautour dans le carnage. Lanfrey fut
surtout choqué des incohérences des administrations
départementales ; il ne se consolait pas de voir l'équi-
pement misérable des mobiles de la Savoie, oubliant
un peu trop les efforts gigantesques tentés ailleurs
pour refaire une armée sans cadres existants. Nous
savons de source certaine qu'il regretta amèrement
d'être cité à froid par les scribes du 16 Mai, et de
voir transformer en arme empoisonnée contre la
République tel mot sévère qui était échappé à sa
patriotique douleur. Son libéralisme éprouvé lui
faisait blâmer sévèrement le retard de la convocation
d'une Assemblée nationale. Nous pensons, aujour-
d'hui, qu'il avait raison ; mais de bons esprits et de
vrais patriotes pouvaient avoir une autre opinion à
cette heure terrible et indécise où l'on espérait encore
quelque retour de fortune du désespoir de la France.
On n'a, pour s'en convaincre, qu'à se rappeler les
belles lettres que M. Vitet, qui n'était certes pas un
radical, a insérées pendant le siège dans la *Revue des
deux Mondes.*

Lanfrey n'était pas homme à se contenter d'une
plume pendant la lutte formidable. Malgré sa santé
plus ébranlée que jamais par tant de secousses il s'en-
gagea dans les mobiles de la Savoie, impatient comme
il l'avait écrit une fois, de verser autre chose que de
l'encre pour sa malheureuse patrie. Un de ses amis
a retracé d'une manière touchante son départ de
Chambéry à l'insu de sa vieille mère pour laquelle
l'épreuve de l'adieu eût été trop forte.

A peine était-il arrivé à Lyon que la paix était con-
clue, et quelques jours après il apprenait que Mar-
seille l'avait élu député sans aucune démarche de sa

part. Ses premières impressions à Bordeaux, furent
comme toujours très pessimistes. « Je suis profondé-
« ment dégoûté de ce pays et de son éternel carnaval,
« s'écriait-il à la vue de la première confusion des par-
« tis à l'Assemblée nationale. » Tout en reconnaissant
que cette assemblée était patriotique et honnête, il
lui sembla tout d'abord, selon ses expressions peu
ménagées, qu'il se trouvait dans un pays de fous.
Plus tard, il écrivait encore ces lignes découragées :

« Il me tarde de n'avoir plus sous les yeux le spectacle
de l'impuissance satisfaite. Ces hommes, soulevant à la
fois mille questions qu'ils savent fort bien ne pouvoir résoudre, pour le simple plaisir de faire des discours ou des
effets de théâtre, sans le moindre souci du trouble qu'ils
jettent dans le pays ; ces partis, qui n'éprouvent pas le
moindre scrupule à diviser la patrie devant l'ennemi ; qui,
au besoin, s'entendraient avec lui pour réussir ; qui remet-
tent tous les jours en question notre avenir, et qui, avec
cela, ont le plus parfait contentement d'eux-mêmes, m'ir-
ritent et m'humilient ; j'en arrive à me sentir presque fier
de l'isolement dans lequel je me trouve : je suis comme un
étranger dans mon propre pays. Je n'ai, à aucun degré,
cette merveilleuse faculté d'oublier dont le Français est
pourvu. Le jugement le plus indulgent que je puisse espé-
rer, c'est qu'on dise de moi que je suis plus à plaindre
qu'à blâmer. »

L'élection de M. Thiers, comme chef du Pouvoir
exécutif, venait de lui rendre quelque espoir quand
éclata l'odieux mouvement du 18 mars. Il se trouvait
alors à Paris ; il eut toutes les peines du monde à en
sortir, après avoir couru les plus grands dangers, car
si on l'eût découvert, son titre de député l'eût perdu.
Son air de jeunesse était un danger de plus sous les
abominables lois de la Commune sur le recrutement
« forcé des hommes valides. De tout ce qui se passe

« dans ce pays de fous furieux, écrivait-il en pleine
« fournaise, je ne dirai rien ; j'en deviens comme un
« imbécile et je me sens aussi étranger à ces choses et
« à ces gens que si j'assistais à une révolution chi-
« noise. » A Versailles il se rattacha à ce centre
gauche si libéral, si patriotique, qui fut le premier
point d'appui de la politique d'apaisement de
M. Thiers et contribua efficacement à la fondation
de la République en lui rattachant une fraction importante de ces classes moyennes et conservatrices
d'instinct sans lesquelles on ne peut rien créer de
durable en fait de gouvernement. Nous nous rencon-
trâmes de nouveau dans cette fraternité des grandes
luttes communes qui laisse d'impérissables souvenirs.
Lanfrey soutint dès le premier jour le gouvernement
républicain « le seul écrivait-il à un ami, qui soit
assez large, assez impartial pour donner une garan-
tie, une sauvegarde à tous les partis, même à ses
adversaires. »

« Je n'ai pas cessé de croire, disait-il plus tard, qu'il
n'y a de salut possible, je ne dis pas pour la République,
qui est fort secondaire, mais pour la France, qui est tout,
que dans la formation d'un parti républicain conservateur
et libéral, seul capable, à mes yeux, de maintenir dans
notre pays un gouvernement régulier contre les factions
de droite et de gauche. Je crois aussi que nous devons
tous travailler sans relâche à l'œuvre de réconciliation qui
doit amener les conservateurs à accepter le régime actuel
qu'eux seuls peuvent consolider. »

Lanfrey jugea sévèrement la coalition d'une fraction des anciens libéraux avec les incorrigibles de la
légitimité ; il vit tout de suite qu'elle ne pouvait qu'en-
traver ou empêcher le gouvernement réparateur de

M. Thiers, car, dès qu'il s'agissait d'une œuvre positive de reconstruction gouvernementale elle se brisait. Il fallait une certaine énergie pour résister à ces influences de salon qui n'ont que trop troublé la raison d'hommes politiques souvent très distingués qui peut-être en les bravant eussent apporté un concours précieux au gouvernement de la République. Lanfrey, qui avait été l'un des grands favoris de cette société spirituelle et charmante, mais au fond étroite dans ses dédains pour l'inévitable démocratie, n'hésita pas à s'en séparer, tout en emportant son estime. Nommé ministre de la République à Berne il y trouva le poste le plus conforme à ses goûts et à ses aptitudes pour servir son pays. Il y fut appelé par M. Thiers ; rien ne montre mieux que tout nuage avait disparu entre eux.

Cette réconciliation, qui fut des plus cordiales, entre l'illustre Président de la République, arrivé au comble de sa gloire et de sa popularité, et le publiciste qui avait critiqué son grand livre avec une sévérité passionnée, n'a rien d'étonnant pour qui les a connus l'un et l'autre. Toutes les divergences secondaires s'étaient dissipées devant les épouvantables malheurs de la patrie. Lanfrey avait le cœur trop sensible à la vraie grandeur, pour ne pas être rempli d'admiration et de reconnaissance envers le glorieux vieillard, alors qu'il épuisait ses forces à relever « la noble blessée. » Élevé par l'immensité de la tâche et du péril, et aussi par son ardent amour pour la France, à une hauteur incomparable de dévouement, d'autorité et d'éloquence, il faisait oublier aux vrais patriotes tous les dissentiments antérieurs. Quant à lui, il était incapable de garder un sentiment de rancune et d'animosité, non pas par dédain de l'humanité,

comme on l'a prétendu à tort, mais par cette bonté si
réelle, si chaleureuse qui s'associait chez lui à la verve
pétillante de son incomparable esprit. Que de fois ne
nous sommes-nous pas rencontrés avec Lanfrey, dans
ce salon où se pressait l'élite européenne, mais où
l'on était sans cesse ramené par l'infatigable enchan-
teur, par cette conversation sans pareille qui évoquait
toute l'histoire contemporaine en l'illuminant des vifs
éclairs de l'esprit le plus français, tour à tour mor-
dante ou charmante, ou pleine d'une grâce bienveil-
lante, d'un tour si simple, laissant déborder une
verve qui n'avait pas à se ménager parce qu'elle ne
pouvait tarir, et qui abordait tous les sujets avec une
égale facilité! Souvent, M. Thiers revenait au héros
de sa grande histoire ; il éprouvait un besoin incessant
de compléter le portrait. Sans rien rétracter de son
admiration pour le général, il contait à sa manière
plus d'une anecdote inédite qui n'était pas à l'honneur de l'homme et du souverain. Ce qui l'avait surtout rapproché de Lanfrey, c'était la plus sincère
estime pour cette nature si élevée, si désintéressée ;
aussi l'avait-il introduit dans sa plus étroite intimité,
ce qui, avec un caractère aussi fier, était devenu facile
depuis qu'il n'était plus au pouvoir. Il n'eut certes pas
lieu de se repentir de la marque de confiance qu'il lui
avait donnée en l'appelant à un poste diplomatique
important. Lanfrey réussit dès l'abord à Berne; la simplicité de ses manières, sa loyauté, son ferme patrio-
tisme en faisaient un digne représentant de la République auprès de la Suisse, notre sœur aînée et
toujours fidèle dans le régime démocratique. L'éloquent et habile président de la Confédération, M. Cérésole, demanda avec insistance à Lanfrey de ne pas
donner sa démission à la suite du 24 mai, comme il

en avait l'intention. En le faisant il n'obéissait pas seulement aux inspirations d'une amitié cordiale, mais il croyait servir l'intérêt bien entendu des deux pays.

La lettre suivante, écrite par M. le Président de la Confédération à la légation suisse à Paris, est la meilleure preuve qu'on puisse donner de la haute place que s'était faite notre ministre à Berne, dans l'estime et l'affection du pays près duquel il représentait la France :

*« Le Président de la Confédération suisse à la Légation de Suisse à Paris.*

Berne, le 2 juin 1873.

« Monsieur le Ministre,

« Le Conseil fédéral a appris avec un vif regret, par les communications que vous avez bien voulu lui faire, que M. Lanfrey a donné sa démission de ses fonctions de ministre de France à Berne. Mais il a appris de la même source que M. le duc de Broglie a insisté auprès de M. Lanfrey pour qu'il reste à son poste, démarche qui fait autant d'honneur au gouvernement français lui-même qu'à la personne qui en a été l'objet. Le Conseil fédéral a toujours trouvé chez M. Lanfrey les dispositions les plus favorables au maintien des bonnes relations entre la Suisse et la France, et il apprécie hautement la loyauté de son caractère, ses vues élevées, sa connaissance des affaires et ses sympathies pour notre pays. Vous êtes dès lors chargé spécialement de saisir une occasion favorable pour exprimer à M. le Ministre des affaires étrangères notre très vif désir de voir M. Lanfrey rester à Berne, si cela est possible.

« Le Conseil fédéral verrait dans ce fait une nouvelle preuve des sentiments de bon vouloir que le gouvernement français a déjà exprimés à la Suisse, et les excellents rapports qui ont existé jusqu'à ce jour entre les deux pays ne

pourraient que s'en ressentir de la façon la plus avanta-
geuse.

« Recevez, etc.

« *Le Président de la Confédération,*

« Signé : Cérésole. »

Lanfrey touché de cette démarche et de la lettre
intime qui l'avait accompagnée, écrivit à M. Cérésole
la lettre suivante qui est vraiment une page d'histoire
contemporaine.

*« A Monsieur Cérésole, président de la Confédération suisse.*

Paris, le 3 juin 1873.

« Mon cher Président,

« J'ai reconnu votre amitié si indulgente et si délicate
dans les regrets que vous voulez bien m'exprimer au sujet
de ma démission. M. Kern m'avait déjà informé de votre
intention de m'écrire, ainsi que de la démarche, infini-
ment honorable pour moi, que vous et vos collègues du
Conseil fédéral l'avez chargé de faire à cette occasion auprès de notre nouveau gouvernement. Ces témoignages si
flatteurs d'estime et de sympathie me font un devoir de
vous dire avec une entière franchise, dans quelle mesure
je crois possible de revenir sur une résolution qui m'a
beaucoup coûté, bien que je l'aie prise sans aucune hési-
tation. J'ai le plus grand désir de retourner à Berne, où
j'ai laissé tant d'excellents amis et de si bienveillantes relations; mais je ne le ferai qu'à une seule condition, c'est
que j'y puisse retourner honorablement. Le renversement
de M. Thiers a été un acte d'ingratitude révoltante : je l'ai
dit sans détours aux chefs du gouvernement, lorsqu'ils sont
venus me prier de conserver mon poste. Cependant, ils m'ont
répété à plusieurs reprises qu'on les calomnie en leur prêtant
des arrière-pensées de restauration monarchique ; qu'ils ne

songent à rien de pareil ; qu'ils ne toucheront à l'ordre de
choses actuel que pour le consolider par une administration à la fois ferme et libérale ; que leur seul but est de
reprendre le programme que M. Thiers n'a pas su réaliser, c'est-à-dire de gouverner avec l'appui des deux cen-
tres ; qu'enfin ils demandaient à être jugés, non pas sur
leurs paroles, mais sur leurs actes.

« J'ai opposé à ces belles assurances toutes les objections
qui se présentent naturellement à l'esprit ; mais comme,
en somme, ils sont hors d'état de toute autre chose, j'ai ré-
solu de les attendre à l'œuvre. Je ne me sépare pas de
mes amis politiques. Si, par leurs concessions, les chefs
du gouvernement parviennent à regagner l'appui du centre gauche, je reprends mes fonctions : sinon, non. Je
n'ai pas retiré ma démission, et je ne me dissimule pas
qu'on peut, d'une heure à l'autre, me donner un rem-
plaçant. Je dois dire toutefois que le duc de Broglie, dans
le seul entretien que j'aie eu avec lui, le lendemain de la
chute de M. Thiers, m'a répété avec insistance qu'il lais-
serait le poste vacant jusqu'à ce que j'aie pu me faire sur
ses actes une opinion motivée. Voilà, mon cher ami, la
détermination à laquelle je me suis arrêté.

« Veuillez, je vous prie, dire à messieurs vos collègues,
combien je leur suis reconnaissant de l'intérêt qu'ils ont
bien voulu prendre à ma position, et croyez à mes meilleurs sentiments d'estime et d'affection. »

Ce fut aux sollicitations de son propre parti que
Lanfrey céda surtout, en retardant sa démission jusqu'à la formation du septennat, régime bâtard et
absurde, qu'il jugea avec la sévérité qu'il méritait,
comme on peut s'en convaincre par les quelques pages
nerveuses encore inédites qu'il lui a consacrées. Il
caractérisait de main de maître la coalition des partis
monarchiques. Qu'on en juge :

« Qui nous dira quelle espèce de rapprochement peut
exister entre un bonapartiste et un légitimiste, en dehors
de celui-ci, qui résume tout ce qu'ils ont de commun :

*Réprimer, comprimer, supprimer ?* On ne fait pas de Constitution avec des haines. La majorité ne peut pas faire un gouvernement ; cette question est pour elle le fruit défendu : du jour où elle y touchera, elle tombera en confusion et ne sera plus la majorité. »

On ne pouvait mieux prédire. C'est depuis ce moment que son amitié pour M. Thiers prit un caractère plus cordial. Il apprit à l'estimer plus encore dans sa retraite parfois attristée par l'ingratitude. Le passage suivant d'une de ses lettres de cette époque, exprime ce sentiment d'une manière simple et touchante :

« Je viens de causer avec M. Thiers. Il m'a paru fatigué. Il m'a parlé des événements présents sans aigreur, mais avec un peu de découragement. Ce qu'il m'a dit m'a montré la bonté de son cœur. J'ai été profondément ému en écoutant ce vieillard attristé par tant d'ingratitudes. Il s'en est aperçu, car, en me quittant, il m'a serré fortement la main à deux reprises, comme quelqu'un qui vous dit : « Allons, vous me comprenez. »

Quand quelques années plus tard, il partit de Paris déjà mortellement malade, M. Thiers, qui pourtant devait succomber avant lui, se montra profondément affecté. « Revenez-nous bientôt, lui dit-il, nous avons besoin de votre bonne tête. » Lanfrey avait en effet montré ses hautes capacités politiques dans sa vie parlementaire comme dans sa courte carrière diplomatique. On se trompe fort quand on s'imagine que l'influence dans un parlement ne s'exerce qu'à la tribune. Un homme ferme et libéral comme Lanfrey, universellement respecté, doué d'un talent d'écrivain et de publiciste tel que le sien, a une grande action sur son propre parti. Ses votes empruntent leur importance à sa personne, à la hauteur de ses vues et de ses sentiments, à son désintéressement. Sa valeur morale et intellectuelle et son libéralisme éprouvé donnaient crédit aux opinions qu'il soutenait, et c'était une grande force pour un parti de l'avoir dans ses rangs.

Lanfrey, pendant toute la dernière année de l'Assemblée nationale, fut fidèle à son poste et contribua à cette fondation de la République définitive, qui seule pouvait préserver le pays las à mourir de se laisser reprendre par les aventuriers qui guettaient sa détresse, comme les captateurs frauduleux d'héritages épient une agonie. Il allait passer tous les ans ses courtes vacances près de sa mère, dont il ne devait pas fermer les yeux, car elle mourut subitement en 1875. Tous ses loisirs étaient consacrés à l'achèvement de l'histoire de Napoléon.

Nommé sénateur inamovible dans le dernier mois de l'Assemblée nationale, il reçut la plus haute marque de confiance de son parti, en étant chargé de rédiger le manifeste électoral du centre gauche. Jamais sa plume ne fut plus énergique et plus libérale. Nous publions la majeure partie de ce manifeste aussi utile à méditer aujourd'hui qu'il y a trois ans.


« *Électeurs de Paris,*

« Nous touchons à une épreuve décisive. Le vote du 20 février aura sur les destinées du pays une influence profonde et durable. Vous ne sauriez trop en méditer le sens et la portée.

« La République, qui vient d'être fondée, sera-t-elle définitivement affermie? Telle est, réduite à ses vrais termes, la question qui vous est soumise. Vous n'avez qu'un seul moyen de conserver la République, c'est de vous en montrer dignes.

« On reconnaîtra que vous êtes mûrs pour la liberté, si vous savez la faire respecter par l'indépendance et la sagesse de vos choix; si vous prenez soin de n'alarmer aucun des grands intérêts sociaux ; si vous nommez des représentants à la fois fermes et modérés. On ne l'oublierait pas impunément : c'est cette politique de fermeté et de modération qui a fondé nos institutions, c'est elle seule qui peut les faire vivre. Honorez-vous donc devant le monde par des choix sérieux, réfléchis, sensés, dignes d'une nation libre et de la cause que vous entendez servir. Ce n'est pas par des élections d'aventure ou de rancune que vous rendrez à Paris le grand rôle dont nos malheurs l'ont dépossédé.

« Défiez-vous des coureurs de popularité qui vous prodiguent des promesses qu'ils ne sauraient tenir et des adulations injurieuses par leur excès même. Ils comptent déjà trop sur votre crédulité pour n'avoir pas quelque chose à craindre de votre clairvoyance. Si vous voulez savoir qui vous trompe, observez qui vous flatte. Ne vous arrêtez pas aux programmes, regardez aux actes. Il n'est qu'un seul témoignage qui ne mente jamais, c'est celui d'une invariable probité dans la vie publique comme dans la vie privée.

« Ne donnez vos voix ni à ces faux amis de la Constitution qui ne cherchent dans le droit de la perfectionner que le moyen de la détruire ; ni à ces agitateurs suspects qui fomentent les haines sociales parce qu'ils en vivent ; ni à ces incorrigibles sectaires qui n'invoquent la clémence que pour réhabiliter le crime. Voilà à quelles conditions nous achèverons de relever la France, et nous rendrons à Paris un rôle non pas diminué, mais agrandi et ennobli par nos longues épreuves. »


Après un rapide voyage en **Italie, Lanfrey** vint occuper son siège au Sénat. Il retrouva dans son parti la place d'honneur qu'il avait si légitimement conquise à l'Assemblée nationale. Une année ne s'était pas écoulée, qu'un mal implacable minait ses forces. Au

premier moment de répit il partait pour **Pau**, et retrouvait au château de Montjoli de Billière, presque
aux portes de la ville, cette vie d'intérieur qui lui avait
tant manqué. Entouré des soins les plus dévoués dans
une atmosphère de délicate sympathie digne de lui, il
trouvait dans ces beaux lieux, qui lui rappelaient à
certains égards sa Savoie, toutes les consolations
qu'une amitié parfaite peut donner. **La** nature qui
s'étalait sous ses yeux était à la fois pleine de cette
calme douceur des plaines immenses et ensoleillées,
semées de villages innombrables, qui repose les regards et de la grandeur majestueuse des Pyrénées,
couronnées par les neiges étincelantes du Pic-du-Midi.

Sa patience courageuse ne se démentit pas un seul
jour. Il désirait vivre ; comment en aurait-il été autre-
ment, alors que la vie politique avait dépassé toutes
ses espérances et que dans la plénitude de ses forces
intellectuelles, entouré d'une universelle considération, il se sentait capable plus que jamais de servir
son pays et la cause libérale? Néanmoins on n'entendit
jamais un murmure tomber de ses lèvres pâlies. **La**
souffrance physique le trouvait toujours maître de lui-
même, résigné, reconnaissant pour les marques de
sympathie qui lui étaient prodiguées de la part des
absents comme des nombreux amis qu'il s'était faits à
Pau même. Son ardente pensée se reprenait à des
projets d'avenir dès qu'un léger mieux se déclarait;
elle habitait toujours davantage les hauteurs. Il semblait que ses cruelles souffrances élargissaient et atten-
drissaient son cœur sans qu'il fléchît sous leur atteinte
cruelle. « Pour ceux qui l'ont vu alors, lisons-nous
dans une lettre écrite peu de temps après sa mort, ils
éprouvaient un sentiment de respect et d'admiration
à la place de la pitié qu'on éprouve ordinairement,

devant la souffrance physique. Il poussait au plus haut point la dignité de l'homme, le respect de soi-même au milieu des plus cruelles souffrances. Jamais un signe de faiblesse, de découragement. Un mot tendre, affectueux, lui faisait venir les larmes aux yeux. Je ne pourrais rendre l'accent avec lequel il suppliait en quelque sorte de lui épargner un attendrissement contre lequel il n'était pas sûr de sa force. Aux souvenirs d'enfance, auxquels le cœur meurtri revient si volontiers, succédaient les plus graves entretiens. Que de belles pensées dites si simplement et qu'on ne recueillait qu'en se suspendant à ses lèvres, car sa voix voilée se fatiguait vite. Le médecin lui-même avait les larmes aux yeux en sortant d'auprès ce cher malade, pour qui nous ne pouvions rien. Au commencement de sa maladie, sa plus grande souffrance lui venait des soins mêmes que nous lui donnions, par la crainte de causer une fatigue. Je vois encore son sourire d'enfant quand un peu de mieux dans son état apportait quelque joie à son cœur. C'était bien plus de nous qu'il s'occupait alors que de lui-même. »

Le dévouement dont Lanfrey fut l'objet pendant ces tristes jours, est encore à son honneur, car, comme on peut le lire dans l'admirable lettre qui nous a fourni ces touchants détails, « le dévouement est souvent une preuve des qualités de ceux qui l'inspirent ; il faut une grande supériorité morale sur les autres hommes pour les rendre capables de s'oublier eux-mêmes dans certaines circonstances. »

La crise du 16 Mai, fut une dernière douleur pour Lanfrey, comme on peut le comprendre. Il avait l'âme trop haute pour ne pas respecter les convictions sincères et les marques d'une amitié fidèle chez les

hommes les plus séparés de lui par les idées. Un de
ses compatriotes qui avait été son collègue, homme de
grande loyauté et de foi religieuse ardente, lui avait
exprimé le désir qu'il se soumît à des pratiques de dévotion qu'il ne pouvait loyalement accepter. Il lui ré-
pondit la lettre suivante :

« C'est moi, cher ami, qui aurais mille pardons à vous
demander pour vous avoir manqué de parole. Je pourrais
vous donner beaucoup de petites raisons qui ne vous pa-
raîtraient peut-être pas sans force. Mais, cher ami, chacun doit mourir dans sa croyance comme on s'entourait
autrefois de toutes ses armes dans son tombeau. C'est le
dernier témoignage à rendre au Dieu qu'on a servi. Le
mien n'est pas ennemi du vôtre. J'adore la morale chrétienne d'un amour tout filial, mais pour tout ce qui est
dogme, ma raison est inflexible. Elle ne pliera jamais
et cela ne dépend pas d'elle. C'est d'une main défaillante
que je vous écris ces lignes. Je suis dans un état de
faiblesse extrême et ne crois plus guère à mon rétablissement. Il ne m'en tarde que davantage de vous écrire que
je vous suis reconnaissant du fond de l'âme du mouvement si fraternel que vous avez eu à mon égard dans la
touchante tentative que vous avez faite auprès de moi, et
que je vous aime parce que vous avez le cœur grand. Quel
dommage que nous soyons nés à quatre cents ans de distance l'un de l'autre ! »

Lanfrey n'avait pas appris à distinguer entre la foi
autoritaire et la foi virile, qui n'admet rien sans preu-
ves suffisantes. Il nous sera permis de dire que nous
regrettons, pour notre part, ce malentendu, tout en
admirant sa sincérité délicate. Il garda jusqu'au bout
ce qui est, à nos yeux, la base fondamentale du sentiment religieux, l'indestructible certitude de la vérité
morale et du Dieu dont elle émane, la foi de la conscience que rien ne remplace. Il montra jusque dans le

souci de ses funérailles, qu'il n'avait jamais douté de nos immortelles destinées, sans qu'il ait fait aucune concession à des croyances qui n'étaient pas les siennes.

L'indépendance de la pensée n'avait été chez lui que le tourment de la vérité. « Pour être digne de recevoir cet hôte divin qu'on nomme la Libre Pensée, avait-il écrit dans son *Essai sur la Révolution*, il faut savoir adorer la douleur qu'il nous apporte comme gage de grandeur et d'immortalité. » Le doute ainsi compris, ne ressemble-t-il pas à cette prière de tous les grands esprits : « Plus de lumière! plus de lumière! » Elle a été exaucée pour lui.

C'est le 16 novembre 1877 qu'il rendit le dernier soupir. Sa tombe est à Billière, derrière le château de Montjoli, où il avait exprimé le désir d'être enterré.

Lanfrey laisse après lui, dans son pays, une mémoire justement honorée comme un des défenseurs les plus courageux, les plus intelligents et les plus désintéressés de la vraie liberté. La France libérale tout entière a souscrit à l'hommage que lui a rendu le président du Sénat en annonçant sa mort, par ces généreuses paroles : « Un même sentiment semble avoir dicté ses écrits et dominé sa carrière publique. Il était de ceux que tous ses amis respectaient et que tous ses collègues aimaient. » Les regrets de ceux qui avaient été admis à l'honneur de son intimité sont restés profonds, car eux seuls ont su tout ce qu'il y avait de délicatesse et de chaleur d'âme sous ses dehors réservés et un peu austères. Nous ne saurions mieux résumer cette esquisse imparfaite d'une si noble figure qu'en appliquant à Lanfrey, au moins pour la période la plus pénible et la plus militante de sa carrière, ces paroles par lesquelles il a exprimé lui-même son idéal de la vie publique : « Au milieu des défections immenses dont le courant entraîne tout, et où triomphent si brutalement la lâcheté et la bassesse, c'est encore un assez beau rôle que de se tenir debout au milieu de tant de têtes courbées et de sentir qu'on porte en soi l'honneur et la sainteté d'un principe. On peut douter si cette destinée, tout austère qu'elle soit, n'a pas quelque chose de plus séduisant pour une grande âme que tous les enchantements de la puissance [1]. »

La publication des œuvres complètes de Lanfrey est plus opportune que jamais, car si le régime despotique qu'il a combattu tour à tour dans sa gloire et dans son abjection paraît définitivement renversé, la démocratie triomphante ne saurait mieux faire pour être gardée de ses entraînements qui sont ses seuls périls, que de retenir de l'auteur de l'*Essai sur la Révolution* cette grande leçon que la souveraineté du peuple ne serait qu'un simple changement de tyrannie sans le respect inviolable du droit de la conscience et des libertés de l'individu. C'est à ce prix qu'elle remportera la plus importante et la plus décisive des victoires, celle qu'on remporte sur soi-même.

E. DE PRESSENSÉ.

1. *Portraits politiques*, p. 8.